DE BIARRITZ

EN

ESPAGNE

C.

Au Profit de la Société de Sauvetage aux Bains de Mer de Biarritz.

DE
BIARRITZ
EN
ESPAGNE

APERÇUS PITTORESQUES ET HISTORIQUES

PAR

UN PAYSAGISTE.

BAYONNE

L. ANDRÉ, LIBRAIRE - ÉDITEUR, PLACE DU RÉDUIT.

1864.

AVANT - PROPOS.

Dans ma pensée, le *Voyage de Biarritz en Espagne* n'était qu'une fantaisie tracée dans le but d'égayer pour moi le présent par les agréables ressouvenirs du passé.

Le besoin assez excusable, tant il est naturel, de communiquer ses impressions à autrui, m'a fait l'offrir à un journal tout gracieux (l'*Indicateur de Biarritz*) qui l'a publié comme article variété.

L'accueil inespéré que lui a fait à son tour le public, a suggéré à quelques personnes le désir

de voir ce travail reproduit sous la forme d'un
livre dont la possession serait toujours loisible
à tous.

Je me suis récrié alors, parce que, d'une part,
je ne croyais point cette bluette, si capricieusement jetée sur le papier, digne d'un tel honneur ; de l'autre, je ne voulais pas qu'elle fût,
de ma part, l'objet d'une spéculation.

Mais, sur une insistance plus obligeamment
pressante encore, j'ai réfléchi que si mon opus-
cule avait chance de succès, il pouvait bien
être utile à autrui, et, en visant ce but, j'ai ren-
contré une bonne œuvre à faire, non par moi
qui n'ai nullement à tirer vanité de quelques
lignes vagabondes, mais par le public assez in-
dulgent pour couvrir leur frivole allure de sa
rémunération au profit de qui j'aurais fait
choix.

Ce choix devait évidemment se porter sur une
institution quelconque de Biarritz, le point de
départ de mon expédition touristique.

Enfin, j'ai pensé que la partie de la population pouvant le plus intéresser l'indigène, comme l'étranger, était celle de ces marins qui
accourent à l'envi pour lui plaire, le baignent,
le promènent en mer, le renseignent et le dis-

traient, souvent même lui donnent une attentive hospitalité.

Or, il existe à Biarritz une institution formée
de ces hommes qui ont voulu pousser plus loin
le dévouement et se sont associés dans le but de
veiller à la sûreté d'autrui, de sauver même ses
jours au péril des leurs : elle a pris le nom de
Société de sauvetage aux bains de mer de Biarrits. (1)
Le premier paragraphe de ses statuts exprime

(1) L'orthographe officielle de Biarrits a substitué, nous
ne savons pourquoi, l's au z qui terminait, dans l'origine,
ce nom dérivé du Basque : *bi harritz* (deux chênes) ou
miarritz (ortolan); peut-être aussi *bi karri* (deux pierres
ou rochers).

La physionomie première, outre qu'elle était plus vraie,
apparaissait plus poétique, offrant une couleur locale.

Quant à l'étymologie elle-même, le temps en a rendu
l'explication assez difficile : ces deux rochers étaient-ils
les plus proéminents en mer : celui de St-Martin et celui
dit le grand rocher (*boucalot*, petite entrée), lequel autrefois se trouvait relié aux terres avant que les eaux n'eussent
aplati et recouvert la couche rocheuse qui, du Port-Vieux,
s'étend jusque-là ? Quant aux deux chênes, le trait est plus
malaisé encore, car autant en a emporté le vent. Enfin,
les ortolans se sont enfuis, pourchassés par la foule.

trop bien la portée de l'œuvre, pour que nous ne croyions devoir le reproduire ici :

« La Société a pour objet d'établir sur les « bords de la mer, à Biarrits, tous les moyens « de sauvetage dont elle pourra disposer pour « empêcher d'imprudents baigneurs de s'expo- « ser aux dangers, pour assurer et leur faire « administrer, au besoin, les secours qui pour- « ront leur être nécessaires. La commune de « Biarrits appelle à cette œuvre philanthropi- « que le concours de tous les amis de l'huma- « nité.

« Le siége de la Société est à Biarrits, etc. »

Enfin, sa caisse a bien voulu accepter l'offre du bénéfice éventuel à résulter de la publica- tion de mon ouvrage.

Maintenant, lecteur, que vous êtes édifié sur le degré d'intérêt dont se recommandent les bénéficiaires, s'il ne vous plaît de vous exposer aux fatigues du voyage, veuillez au moins ache- ter le droit de rester sur place en mettant le li- vre dans votre poche—et sans plus le regarder, si cela vous convient : l'auteur vous le permet, car l'une de ses espérances, du moins, aura été réalisée.

Quant à l'autre, il n'ose l'avouer, bien qu'il

la forme ardemment, c'est celle de vous être agréable.

. . . .

Mais il serait peu adroit de vous effrayer à l'avance par un excès de prolixité : je borne donc ici ma réclame, tout surpris moi-même de voir comment, parfois, se fait l'histoire d'un conte.

DE L'AUTEUR A SON OEUVRE.

Pauvre bulle, éclose d'un souffle et par hasard lancée dans les airs, puisse le beau ciel du Midi refléter en toi ses couleurs, afin que tu mérites le regard de qui daignerait t'apercevoir au passage.

Lorsque le capricieux zéphyr sera las de te porter, ou si, dès ton apparition, un vent contraire te frappe et te brise, retombe en humble goutte dans cet Océan d'où tu es sortie : dispaparais, non sans regret peut-être, mais consolée par ces mots bienveillants qui avaient salué ta venue :

.« Nous croyons être agréables à nos lecteurs « en reproduisant une étude en cours de publi-

« cation dans l'*Indicateur de Biarritz* et qui reçoit
« de ses abonnés l'accueil le plus empressé.

« Cette dérogation à nos habitudes a pour
« but de faire ressortir plus encore, au profit
« de la contrée, l'intérêt tout spécial de cet
« ouvrage.

« Nous sommes heureux de nous faire l'écho
« d'hommages rendus à notre beau pays avec
« tant de talent et de grâce.

« Nous allons conserver au travail ses divi-
« sions dont chacune, en effet, porte un ca-
« ractère qui lui est propre.

« Que l'auteur qui a su, bien qu'étranger, si
« justement apprécier les faveurs dont la na-
« ture s'est plu à nous combler, nous permette
« de citer ici un de ses éloges de Bayonne que
« nous l'avons entendu improviser dans un
« moment d'enthousiasme, et qui nous a paru
« d'une vérité frappante, quoique d'une briè-
« veté extrême, car il se renferme dans un
« quatrain :

> « De tous points l'horizon,
> « A cité sans pareille,
> « Vient apporter merveille
> « Pour orner son blason. »

(*Courrier de Bayonne* du 18 septembre 1863.)

§ I.

Départ. — Bidart et Guéthary.

Départ. — Bidart et Guéthary.

Laissons la foule enthousiaste d'un séjour à nul autre pareil, heureuse de sa liberté, de ce bien-être aussi que donne l'air vif et salin de la mer, rieuse de ses ébats nautiques, enivrée surtout de son mélodieux caquetage auquel chaque langue apporte sa note, égayée de ses mille costumes, émue enfin de ses mille instincts dans ce tourbillon où se croisent en tous sens des sentiments divers ; laissons-la, ami, et prenons, silencieux, le chemin des horizons bien plus libres encore, des aspects bien autrement séduisants : échangeons le domaine de la réalité pour celui de l'idéal...

Du sommet de ce Cours Impérial qui se prolonge en une ravissante promenade, donnons un regard à Biarritz que l'œil embrasse d'un jet, tout en détaillant ses plages magnifiques, ses falaises coquettes ou abruptes, contrastant avec de verts pignadars auxquels font lisière des dunes plongeant dans l'horizon ; voyez ses rochers séculaires, sentinelles préposées à la garde des terres, que le flot bat en brèche pour jaillir, impuissant, en gerbes diaphanes ; contemplez la mer sillonnée de nombreuses embarcations dont les unes glissent légères sous leurs blanches ailes, les autres, surmontées d'un noir panache qui se perd au vent, les flancs haletants et la proue écumante, impatiente au large, courent à toute bordée vers la côte étrangère ; admirez ce phare dont la haute colonne s'élance élégante de sa base assise sur un cap élevé ; sa lanterne, qui, à cette heure, miroite au soleil, ce soir éclairera notre retour des reflets de l'opale et des feux du rubis ; remarquez aussi cette villa Eugénie qui reçoit d'augustes hôtes, les bienfaiteurs de la contrée, ces hôtels somptueux et ces maisons proprettes, rendez-vous de l'univers civilisé, que tous, grands et petits, honorent tour à tour de leur présence pendant l'été, outre les étrangers accourus l'hiver dans ce climat tonique surtout en la saison rigoureuse, et aussi doux que les stations hivernales les plus renommées du midi de la France. Prêtons une dernière fois l'oreille à ces bruits du monde qu'une brise légère nous apporte comme un faible murmure, puis oublions tout ce délire qu'un souffle pour nous a rejeté déjà dans l'immensité !

Mais, trêve à la philosophie, d'humeur sombre et fort déplacée ici ; soyons poète et laissons libre essor à l'imagination qui se reflètera peut-être quelque peu dans ces lignes où nous sèmerons à l'occasion un souvenir historique comme grain d'intérêt.

Si l'admiration de l'étranger vient parfois à se produire sous sa plume en traits un peu vifs, sous son pinceau en couleurs fortement accentuées, ne vous en étonnez pas, habitant heureux de ces contrées, trop intelligent pour ne pas comprendre vos privilèges, mais blasé peut-être sur la poésie d'un entourage qui fut votre berceau.

Cet enthousiasme, en quelques termes qu'il se révèle, en telles nuances qu'il se dépeigne, n'est encore et ne peut être jamais qu'un pâle reflet de votre brillant soleil, de votre ciel si riche et si varié, de vos sites merveilleux, de vos eaux si belles, de votre mer si splendide !

L'esprit s'étonne, l'âme s'exalte devant une telle magnificence ! et celui qui se plaît à raconter ses impressions, comme un autre son bonheur, n'est point un fantaisiste, croyez-le bien, car c'est dans un monde réel qu'il puise ces élans dont l'accent vous frappe.

S'il n'a rien à vous apprendre, laissez-lui au moins le loisir de faire entendre sa voix ravie au touriste qui doit lui succéder et la répètera à son tour.

———

Au parcours du chemin *de la Négresse*, qui vient se greffer au cours pour aboutir bientôt à la route d'Espagne, se présentent à plusieurs reprises, et sur une étendue immense, les Pyrénées, les Pyrénées non pas, comme ailleurs, sévères et désolées, n'offrant au regard qu'un flanc décharné, des arêtes anguleuses, des ossements saillants, une tête maculée de neiges éternelles, — masse informe, recouverte d'une sueur glaciale ou d'un lugubre linceul, n'inspirant que l'horreur et l'effroi !

Mais douces en leur aspect, gracieuses en leurs contours, se parant avec charme d'une gaze transparente et mobile, ou d'un velours bleu aux reflets chatoyants, ou de l'hermine la plus pure ; parfois aussi, sous l'haleine tiède et parfumée du sud, secouant ce riche manteau et se rapprochant avec complaisance pour montrer à nu les détails de leurs formes ravissantes.

Les unes, fières de leur altitude qui les approche du

ciel, fières aussi des siècles qu'elles ont portés sans rides ni courbures, et de ceux qu'elles semblent attendre encore avec orgueil !

Les autres, de structure moins colossale, plus humbles en leur complexion et paraissant les acolytes des premières qu'elles accompagnent à des hauteurs et à des distances inégales.

Toutes reliées en une longue chaîne dont les deux bouts se perdent au loin... bien au loin... dans l'horizon..
....

A la rencontre des deux routes s'offre le chemin de fer de France en Espagne.

Donnez-vous bien garde de le prendre jamais, touriste curieux avant tout des beaux sites ; laissez-le au voyageur affairé, pressé, pour lequel il va bientôt réaliser ici comme partout le plus grand des avantages : l'économie du temps. Que, dans sa triste boîte, il s'agite de cuisantes préoccupations, se morfonde de noirs soucis, son livret d'une main et sa montre de l'autre ; nous, la tête au vent, l'œil dans l'espace, n'ayons de souhait autre que celui du moment, acceptons sans arrière-pensée et dans toute sa plénitude le bonheur qui vient à nous !

Tournons à droite (Bayonne est à sept kilomètres sur la gauche).

De ce point s'étale à vos regards, contigu à la route que vous venez de quitter, longeant celle où vous entrez et faisant retour à la mer, sur un développement de trois kilomètres environ, un bois pittoresque, accidenté des plus curieux mouvements de terrain, varié de vues les plus contrastantes, tour à tour gracieuses ou sauvages, offrant instantanément l'aspect verdoyant de la plus fraîche oasis, ou celui d'un désert aride et sableux ; comme perspective au loin : la mer et les montagnes. Sur la lisière s'étend le *Lac de Mouriscot ;* ses bords gazonneux se confondent avec la promenade qui se reflète dans cet immense miroir. Là règne d'habitude le silence du néant, s'harmoniant à la nature grandiose qui fait le caractère de ce site mystérieux. De gais oiseaux échappés de la volière voisine (Biarritz) y frappent en ce moment l'écho de leur doux ramage ; vous les apercevez d'ici voltigeant au long de ces allées sinueuses qui dessinent le bois en tous sens.

Passons.

Une échancrure de la falaise laisse bientôt la mer à découvert et montre, comme effet d'optique, les vagues qui viennent se jouer au rivage en déployant leur immense panache coloré de toutes les teintes de l'arc-en-ciel.

Quelques pas encore, et du haut de la côte apparaissent à nouveau les Pyrénées dont les anneaux ressortent à détailler leurs moindres soudures, leurs ornements aussi les plus variés et les plus fins, — blanches maisonnettes, soyeux troupeaux émaillant la verdure ; champs de maïs drapant ces terrains que viennent pittoresquement couper de leurs lisières des touffes de pins ou de chênes-liège.

La Rhune, forte de sa masse granitique, se dresse entre les deux Etats et leur offre comme limite la cime prolongée de son catafalque — témoin froid et impassible des générations qui ont passé nombreuses avec le cortége de leurs ambitions, et se sont évanouies ainsi que les nuages qui chaque jour viennent toucher les flancs de la montagne pour se dissiper aussitôt.... En deçà, le Mondarrain dominant la région basque-française. Au delà, le pic de *Haya*, généralement appelé *les Trois Couronnes*, couvrant fièrement de son diadème les provinces basques-espagnoles, et s'accompagnant de moindres monticules qui nous feront escorte jusqu'en Espagne.

De l'autre côté, l'Océan longe les terres et vient parfois les mordre d'assez près.

La route, au milieu, se déroule comme un ruban capricieusement ondulé, élégamment frangé de sveltes peupliers dont les interstices laissent voir de gracieuses villas, accompagnées de riantes métairies.

Tableau d'une incomparable majesté, où l'homme se voit cheminant humblement, le front courbé devant la toute-puissance de l'Eternel !.............
. . . .

Le village que voici est Bidart ; c'est, de ce côté, la première étape du Pays Basque qui compte en France trois régions : le Labourd, la Basse-Navarre et la Soule ; quatre en Espagne, à savoir : les *Provinces Vascongades* de Biscaye, d'Alava et de Guipuzcoa, puis la Haute-Navarre. — Le tout comprend environ un million d'habitants, reste d'une population bien plus considérable autrefois, mentionnée dans l'histoire sous la dénomination générale de Cantabres, et dont l'origine est inconnue : qu'elle soit phénicienne, celtique, hébraïque, ou, ce qui est le plus probable, ibérienne, qu'importe d'ailleurs ?

Or, nous sommes ici dans la contrée du Labourd.

Les habitations gracieusement éparses de Bidart, sont assez recherchées des baigneurs amis des mœurs primitives.

Ce modeste hameau a vu défiler de nombreuses légions, s'exécuter même plus d'un fait d'armes ; il a salué au passage bien des grandeurs.

Sur l'une de ses masures, se lit encore une inscription que la fumée de la locomotive effacera demain : *Poste aux Chevaux.*

Si le trait était conforme à l'histoire (or, il ne l'est pas (1), nous aimerions à penser qu'elle fut inaugurée par ce roi qui *aimait le peuple et ne voulait pas en être*, mais ne l'en dota pas moins de l'utile institution de la poste aux lettres, laquelle dut nécessiter l'autre. Car, lui aussi, sous l'égide de sa bienheureuse vierge, vint en ces confins, l'an 1463, comme médiateur entre les rois de Castille et d'Aragon. Le curieux manoir d'Urtubie vit cette brillante entrevue, comme, deux siècles plus tard, il assistait à des querelles locales, sanglantes et fameuses dans les annales de la contrée.

Guéthary a plus de prétentions que le village voisin, quoique d'une importance moindre. Un établissement très-confortable y appelle, tous les ans, nombre d'étrangers. C'est qu'il offre comme séduction non moins puissante que la ressource du plus soigné caravansérail, de spacieuses promenades garnies d'arbres ombreux et surtout de luxuriantes treilles dont les dômes contournent des jardins superposés et du plus charmant effet, que l'on ne pourrait cependant, avec la

(1) Témoin ce dicton : L'âne qui servait de monture à Louis XI était bien fort, puisqu'il portait le roi et son conseil. — Ce n'est pas que le monarque ait dû faire route jusqu'ici en pareil équipage.

meilleure volonté du monde, comparer à ceux de Sémiramis...

Ce n'est pas qu'il n'existe dans ces parages plus d'un reflet de l'Orient : un soleil radieux, un ciel d'azur échauffent, éclairent l'atmosphère. Le temple de Dieu s'élève sur une éminence grandiose et brille à l'intérieur d'enluminures tout orientales. Sur la grève qui se prolonge immense, de là jusqu'à la Gironde, et au pied de cette tour dont les feux ont sauvé maint voyageur en péril, ce groupe de bœufs accroupis et ruminant en ronde, escortés de leurs guides revêtus du burnous à capuchon pointu, tout à côté les chariots antiques ; oui, ce groupe ne présente-t-il pas l'aspect d'une caravane au désert ?

La physionomie de l'homme, d'ailleurs, a quelque chose d'étrange et qui vous frappe singulièrement.

Le Basque, en effet, est un type à part et remarquable ; il a droit de prendre place ici et nous regrettons de n'avoir que quelques lignes à lui donner :

Sa figure douce et bonne est éminemment sympathique ; l'esprit ressort de ses traits fins et réguliers, quoique assez fortement caractérisés. Sa taille haute et bien faite se dessine à merveille sous l'ajustement : béret bleu, rouge ou blanc, ceinture rouge, foulard retenu par un anneau d'or ou d'argent et retombant en longs bouts sur une chemise blanche et fine, dont le col est rabattu ; gilet de couleur, garni de plusieurs rangs de boutons en métal ; veste ronde, culotte de velours comme la veste ou pantalon ; bas blancs ; sandales légères à grelots, quelquefois souliers de peau de bœuf brute (*arbarcac*), plus communément alpargattes, espargattes ou espartilles (*ezpartiñac*), dont la semelle est de cordes de chanvre et l'empeigne de tissu de fil ou de coton ornementé de broderies, soie ou laine, de couleurs tranchantes ; cette chaussure s'attache à la jambe par des courroies ou rubans à la manière du cothurne antique. (1)

Enfin, la longue chevelure du Basque annonce l'amour de la liberté ; de même que sa prestance droite et assez fière est pleine de dignité.

Simple cependant dans ses formes, il est poli quoi qu'on en dise, jusqu'à prendre à votre égard l'initiative du salut, même celle du bonjour : *Agur*. Répondez-y avec courtoisie ; car, outre l'accomplissement d'un usage rigoureux, vous aurez la satisfaction de voir votre honnêteté causer à autrui autant de plaisir que vous aurez pu en ressentir vous-même de sa déférence.

Ses qualités domestiques ne sont pas moindres : so-

---

(1) En Espagne, elle est faite avec les tiges du sparte, *ligœum sparteum*, Lin., d'où probablement vient son nom.

bre, économe et laborieux, confiant et hospitalier, il est d'une franchise extrême et d'une parfaite probité; son aménité est inaltérable, à moins que quelque grande passion ne le surexcite ; il est terrible alors, et gare au *makhila*, bâton de néflier, lourdement ferré, dont il s'accompagne toujours.

Cette race a conscience de son individualité et s'en enorgueillit, aussi se prête-t-elle difficilement aux exigences des autres. Plus brave que docile sous la pression du commandement, le Basque est intrépide au combat, insoumis au service. L'amour de l'indépendance qui l'exposa jadis—et si victorieusement ! (1) à tous les dangers de la guerre , aujourd'hui encore l'emporte souvent au loin pour échapper à la domination.

Le lien de la famille est chez lui un principe plutôt qu'un instinct natif; on l'y voit fidèle, mais il ne faudrait pas lui en faire trop sentir la tension. Toute attache pour un tel caractère a besoin, si l'on peut s'exprimer ainsi, d'être libre, c'est-à-dire facultative et toute volontaire. C'est pourquoi la femme vit chez ce peuple dans un état d'infériorité marquée vis-à-vis du

---

(1) Ni les Romains, ni les Francs sous Charlemagne, ni les Normands au IXe siècle, ni aucuns autres ne le soumirent jamais.

maître, et les enfants y sont toujours respectueux envers le chef.

Le patriotisme qui, chez l'homme de cœur, s'élève jusqu'à la vertu, ne pouvait être un sentiment étranger au Basque, et il le possède à un haut degré. Néanmoins, quand on demande à ce montagnard s'il est Français, il répond invariablement : *Je suis Basque.*

Il vous apparaîtra plus d'une fois conduisant son attelage et, dans l'attitude du commandement , son air devient patriarcal.

Une longue baguette élevée dans la main droite et garnie d'un aiguillon à l'une des extrémités, il précède ses bœufs de quelques pas, puis se retourne gravement vers eux lorsqu'un ordre devient nécessaire ; mais il semble plutôt leur guide complaisant qu'un maître impatient et sévère : hormis le cas d'une faute impardonnable de la part des animaux, châtiés alors jusqu'au sang, rarement il se sert de la pointe acérée ; sa voix prend toujours le ton d'un appel à son ami, et chaque animal, en effet, porte un nom qui répond à une idée affectueuse. Cette appellation, jointe à la direction de l'arme redoutée, suffit à ces pauvres bêtes dociles et sans volonté propre, comme l'indique si bien leur gros œil tout rond, tout fixe, tout débonnaire, même stupide. Il est vrai que s'il voit sept fois notre grosseur, l'animal doit s'étonner fort et nous avoir en respect.

La nature, moins encore peut-être que l'éducation, (1) et surtout la transformation opérée par la main de l'homme, a prédisposé le bœuf au joug sous lequel il courbe si volontiers la tête, et ce joug à son tour n'aurait pas suffisamment assoupli son instinct bestial, que l'opération du ferrage, à elle seule, le soumettrait complétement.

Assistez-y donc, si vous voulez en juger et rire tout à votre aise.

Le bœuf est, en général, fort beau dans ce pays et

---

(1) Car il est élevé ici avec une douceur et des égards incroyables. Très-sensible aux caresses, il a été flatté maintes fois; friand et câlin, il a souvent reçu de la main de son maître, qui les lui a ingurgitées jusques dans le gosier, herbes choisies à son goût, et cette cajolerie (qui pourrait bien avoir une autre cause encore) est accompagnée de longues paroles dont l'accent, plus que la signification à coup sûr, charme le quadrupède. Dans ce monologue, il est vrai, l'homme paraît avoir en vue, outre le plaisir de son serviteur, la satisfaction d'un besoin pressant surtout pour lui-même, comme pour tout être pensant qui vit isolé : celui de la loquacité. L'on ne s'expliquerait pas autrement ces conversations en règle dans lesquelles tous les jours on surprend le bouvier.

Les mêmes faits, d'ailleurs, se reproduisent chez l'Arabe vis-à-vis de son cheval.

réunit les qualités propres à l'usage auquel on l'emploie.

Vous plaît-il de l'apprécier par vous-même, rappelez-vous ce passage de Buffon :

« Un bon bœuf pour la charrue ne doit être ni
« trop gras ni trop maigre ; il doit avoir la tête courte
« et ramassée, les oreilles grandes, bien velues, etc. »

Les véhicules que nous venons de voir au repos, attendaient peut-être une charge de ciment recueilli sur le terrain de Guéthary d'où il a pris son nom, bien qu'on l'extraie aussi avantageusement de communes voisines ; mais, là sans doute, il a été découvert d'abord. Sa nature toute spéciale est précieuse pour la maçonnerie.

Devant nous, au loin sur la route, d'autres attelages viennent, le pas lent, mesuré, et leur longue file, à cette distance, ressemble quelque peu à ces traînées d'insectes qui s'en vont, à la suite les uns des autres, portant au nid commun leur butin chacun. Les roues gémissent et crient sous le fardeau ; le poids, en effet, est considérable : ce sont d'énormes blocs arrachés de la Rhune. Il semble que des charrettes attelées de bons chevaux en auraient bien plus tôt fait que ces tortues dont la lenteur irrite. On ne réfléchit pas alors que le mode de transport préféré ici a sa raison d'être : le terrain inégal, sablonneux,

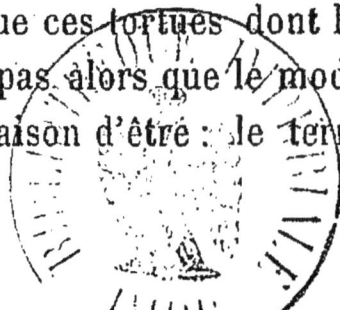

argileux aussi parfois , exige le pied sûr et patient du
bœuf, comme la roue large et pleine du chariot bas
et rustique. Le son aigu qui s'échappe des roues en
mouvement, a lui-même pour but d'annoncer au loin
la présence du véhicule pour lequel, souvent dans la
montagne, la voie est à peine suffisante.

Mais, voilà bien autre chose ! Qui donc accourt ainsi
avec la rapidité de la gazelle, sans toucher terre, sans
soulever la moindre parcelle de poussière : bataillon
complet cependant, et vaillant et serré, qui dévore
l'espace et semble voler à la conquête de..... quelques
sous, hélas ! Pourquoi ne pas le dire ? La réalité de la
vie, ici même, a sa prose comme l'idéal sa poésie.....

Ces femmes sveltes et nerveuses, admirablement
découplées, la hanche saillante et mobile, le torse
cambré, la jambe nue et le jupon court suivant les ondulations du corps à découvrir le genou, le teint
chaudement bistré, les traits hardis et fiers, la parole
glapissante, le rire à plein gosier, l'œil ardent et malin vous dédaignant au passage ; ces filles du soleil, en
qui brille parfois la beauté de l'Orient, ce sont *les ma-
reyeuses* de Saint-Jean-de-Luz , dont le panier plein
à ne pas tenir un anchois de plus, ne laisse échapper
aucun des savoureux poissons aux reflets d'argent.
Voyez aussi comme la corbeille est admirablement
équilibrée sur la tête que deux bras arrondis sur les
hanches équilibrent à son tour !

Regardez vite, touriste, car ce tableau passera comme une vision ; vous ne le rencontrerez plus ailleurs, et le retour de la phalange s'effectuera bien avant le vôtre : d'un bond elle sera à Bayonne, d'un cri elle aura tout débité, d'un coup de jarret elle regagnera sa plage aimée que nous touchons nous-mêmes, car nous voici arrivés au point de départ de ces marchandes— l'une des curiosités de la contrée.

§ II.

St-Jean-de-Luz et Ciboure.—Socoa.—Béhobie.

§ II.

St-Jean-de-Luz et Ciboure. — Socoa. — Béhobie.

Une promenade avoisinant la route annonce la ville dont une longue rue vient au devant du visiteur pour le conduire sur la place où s'étalent vite et sans réserve les beautés de la cité antique, seuls restes d'une splendeur passée.

La maison *Lohobiague*, (1) bâtie sous Henri III ou

(1) Au pays Basque, la plupart des habitations ont une appellation propre à chacune, qui la tire de sa forme, de sa situation ou du nom de l'un de ses possesseurs ; elle la conserve toute son existence, après l'avoir reçue dès l'origine et par la consécration du baptême — cérémonie qui dénote encore le caractère religieux de cette peuplade.

Henri IV, et qui porte aujourd'hui le nom de *Château Louis XIV*, qu'elle mérite assurément, outre l'honneur d'une royale hospitalité, par sa structure élégante et du meilleur goût. Le soin de sa conservation atteste que le propriétaire a conscience de sa valeur.

De jolies tourelles et un toit aigu, ardoisé, lui donnent une physionomie toute seigneuriale. Une enseigne appendue à la boutique d'un libraire, porte ces mots : *Au Mariage de Louis XIV*, relatant par une peinture telle quelle, la cérémonie au grand complet.

A l'intérieur de l'édifice, se voit chose beaucoup plus intéressante, c'est la chambre occupée par le monarque avec tous ses meubles, tentures et décors, très-véridiques, très-authentiques, puisqu'ils constituent le cadeau même offert par le souverain reconnaissant aux ancêtres de la personne de distinction qui aujourd'hui fait aux curieux les honneurs de son habitation avec une complaisance et une gracieuseté parfaites.

La maison *Joanoënia,* qui date des premières années du XVIIe siècle, s'appelle, de nos jours, le *Château de l'Infante,* parce qu'en effet Marie-Thérèse, la fille de Philippe IV, roi d'Espagne, à l'époque de son union avec le roi de France, daigna l'accepter pour résidence que partagea avec elle Anne d'Autriche.

Cette construction est assez belle quoique irrégulière ; sa façade sur le quai , avec ses étages en galeries, surmontées de tours aux deux encoignures, rappelle assez la forme (comme St-Sulpice à Paris) d'une commode renversée. Bien conservée d'ailleurs , et même prétentieusement fardée, (1) elle sert de logis au premier venu, car, hélas ! elle est tombée à l'état de garni. — Grand avantage sans doute pour les hôtes qui s'y trouvent à merveille, mais tristesse qui fait avec raison rougir le monument de sa déchéance !

Au dedans, rien qui reproduise la trace d'augustes personnages, si ce n'est une toile , et dans l'escalier les armes de France ornées de fleurs de lis et de lettres initiales.

Au dehors et au-dessus de l'entrée principale du côté de la place, sur une large plaque en marbre noir, entourée de filets d'or, on lit :

L'Infante je reçus l'an mil six cent soixante,
On m'appelle depuis le Chasteau de l'Infante.

Cette inscription est accompagnée de deux colombes (c'est-à-dire tourterelle et tourtereau) qui se becquètent amoureusement et sont reliées par des faveurs à un écusson où figure un arbre reposé sur une ancre.

Allégorie charmante ! mais dont l'histoire n'a pas eu à constater la véracité : —L'amour n'a qu'un temps;

---

(1) Un badigeon carmin la recouvre.

ses fruits ne sont pas d'éternelle durée, et la paix n'en est pas une base des plus assurées. (1)

Un couvent de Récollets élevé l'an 1612 en signe de réconciliation entre St-Jean-de-Luz et Ciboure (qui s'étaient brouillés l'année précédente par soupçon de sorcellerie ou autre cause), et sur l'île formée par deux bras de la rivière qui les sépare, sert aujourd'hui de caserne à la douane; cet édifice a perdu sa physionomie, à part un cloître qui formait quadrilatère complet, et dont l'un des côtés, par malheur, a été fermé, plâtré, aménagé comme habitation. N'offrant d'ailleurs que des murailles sans sculptures ni ornements, et des arceaux lourdement cintrés, sa défiguration laisse moins de regrets que celle, par exemple, du cloître de Bayonne, si élégant et si riche ! — l'un des plus beaux de France ! — auquel l'exigence du culte, il paraît, a fait subir dernièrement le même sort, en lui retirant une de ses galeries

(1) En réalité, ce blason, dont il nous a plu d'appliquer le sens à la circonstance, est celui du fondateur de l'édifice, lequel portait le nom de *Haraneder*, composé de deux mots basques : *Haran*, prunier, et *eder*, beau, c'est-à-dire beau prunier ; or, ce propriétaire était armateur et des plus renommés. — L'arbre et l'ancre s'expliquent donc facilement ; quant aux oiseaux qui s'y rattachent, je vois aux rubans un nœud.... gordien. Le dénoue qui voudra.

pour la donner à la cathédrale irrégulière en cet endroit et trop petite relativement au nombre de ses fidèles.

Ce sacrifice du monument — des deux, le plus curieux et le plus rare — était-il donc nécessaire ? N'y avait-il pas moyen de tout concilier en faisant que l'église profitât du cloître dont l'intégralité avait certes droit d'être respectée ? Etait-il impossible enfin de donner accès par le temple aux chapelles de l'édifice qui restait intact?

La cathédrale n'a point gagné à cette mutilation la régularité voulue, et le cloître y a perdu toute sa valeur.

Mais, sans trop nous arrêter à des réflexions superflues, inclinons-nous devant la rigueur du fait accompli....

Et revenons sur place.

Une jolie fontaine dressée au milieu de la cour sur une citerne et historiée du chiffre 1662, est d'un très-bon effet.

La chapelle, vaste et bien configurée, sert de magasin à un entrepreneur de maçonnerie ou autre ; quelques vestiges rappellent à peine sa destination première.

L'église de St-Jean-de-Luz s'ouvre sur la grande rue par une fort belle porte dont on a malencontreusement — et nous ne savons pourquoi — muré l'un

des battants qui ne laisse accès que par un trou impraticable pour qui mesure plus de 1ᵐ,78ᶜ de
haut, sous peine de se casser la tête. Cette irrégularité
est choquante et doit disparaître, espérons-le, un jour
ou l'autre, sous le déplaisir d'un ayant-droit quelconque.

Le maître-autel auquel le visiteur, ici comme ailleurs, doit son premier regard, apparaît élevé comme
il convient. Il est étincelant d'or ; vingt statuettes le
peuplent au milieu de colonnes autour desquelles s'en-
roulent et serpentent des pampres garnis de leurs
grappes et des guirlandes de fleurs ; socles, chapi-
teux, figurines de toutes sortes, complètent l'orne-
mentation.

Les chapelles latérales sont en harmonie avec ce
style un peu mondain peut-être, dont nous avons déjà
fait rencontre et que nous reverrons plus caractérisé
encore en Espagne où le goût en fut importé par les
peuplades d'Orient, inspiré sans doute aussi par le
ciel si richement coloré de cette contrée.

Un tableau de maître (il est signé de *Restout*) attire
l'attention au-dessus de l'autel de l'une des chapelles
à droite : il représente l'Adoration des Mages et se
recommande, outre ses détails, par le beau caractère
de têtes diversement expressives.

Le joli médaillon fixé plus haut laisse voir deux anges qui paraissent regarder sur terre ce qui s'y passe et y trouver plaisir, si l'on en juge par l'expression de leurs traits si fins et si gracieux.

Vient en retour un *Ecce homo* fort remarquable. On peut regretter sans doute quelques retouches malencontreuses, mais l'ensemble est d'un effet saisissant, éminemment religieux.

Cet œuvre d'art est dû, il paraît, à la munificence du grand roi, à l'occasion de son mariage. Il occupe, dit-on, l'embrasure même de la porte qui donna accès aux royaux époux et fut, pour complaire à l'instinct du maître, murée aussitôt, afin qu'aucun autre mortel ne la franchît ensuite pour adresser prière à celui qui avait dit: *Laissez les petits enfants venir jusques à moi.*

Inconséquence humaine! c'est ainsi que l'emblème de la plus profonde humilité se dresse sur la trace même d'un incommensurable orgueil!

Trois rangs de galeries superposées donnent place aux hommes qui, aux jours consacrés, les encombrent, car le Basque est resté fidèle aux bonnes traditions; les Espagnols eux-mêmes, d'une dévotion si grande, l'ont toujours appelé *cristiano viejo* (vieux chrétien).

Dans la nef et sur les dalles, sont jetées pêle-mêle des nattes en drap noir sur lesquelles les femmes s'agenouillent et s'accroupissent, un cierge en main et la tête couverte, selon l'âge, d'un voile ou d'une cape (*capac*), offrant ainsi l'exemple d'une extrême piété et peut-être aussi une preuve de cette infériorité relative que nous avons constatée déjà d'elle-même vis-à-vis de l'homme.

Enfin, un vaisseau qui rappelle la vie aventureuse des habitants à travers les mers, est suspendu à la voûte comme le destin de l'homme aux mains de Dieu.....

Le monument, vaste à l'intérieur, est au dehors d'un assez bel effet, bien que son architecture soit fort irrégulière. Quelques ogives et archivoltes gothiques accusent la date du XIIIᵉ siècle, mais des réfections nombreuses ont dénaturé le caractère primitif de l'édifice.

Revenons à notre aimable visitée qui nous a fait avec tant d'empressement hommage de ses avantages, quoique assez coquette encore pour nous avoir laissé apercevoir, sans les dévoiler entièrement, ses charmes les plus puissants : la mer et les montagnes.

En effet, sur la droite et à l'extrémité des ruelles qui viennent aboutir à l'artère principale qui nous a donné entrée en ville, apparaît comme un réservoir contenu par un large rebord sur lequel il monte en écumant, à une hauteur de plusieurs mètres, (1) le

_____

(1) On y accède par un escalier de 22 marches.

golfe de Gascogne formant ici une baie de 1,500 mètres — largeur, sur 1,000 — profondeur.

Singulier spectacle, en vérité ! que celui de l'Océan suspendu ainsi au-dessus d'un nid d'humains, et pouvant à chaque heure l'ensevelir sous une seule de ses lames....,

Mais Dieu y a pourvu, et cette parole de lui : *Tu n'iras pas plus loin*, est une digue bien autrement puissante que celle édifiée à si grand'peine par la main de l'homme.

Car des terreurs se sont produites déjà et l'instinct de la conservation a dû opposer sa défense.

Des gens clairvoyants prétendent avoir heurté de leur pied, en se promenant sur le rivage, et reconnu parfaitement, les uns la pointe d'un clocher, les autres le faîte d'une cheminée, celui-ci la margelle d'un puits dépendant d'un couvent d'Ursulines, celui-là je ne sais quoi encore... Mais disons, pour nous rassurer sur le sort présent, que toutes ces visions qui attesteraient un cataclysme affreux, ne sont à coup sûr qu'un reflet de leur imagination.

Soyons cependant fidèle à l'histoire et consignons franchement des faits avérés (or, ceux qui précèdent ne sont que trop vrais) : la première lutte de l'élément redoutable date de la seconde moitié du XVIIe siècle. Les pointes de Socoa et de Sainte-Barbe

ayant cédé sous les coups réitérés des vagues, laissè-
rent libre passage aux eaux que ne put contenir alors
un banc de roches jusque-là protecteur de la cité en
faisant l'office de brise-lames ; le plateau de l'Artha
s'abaissa et la mer, bondissante jusqu'à la plage, com-
mença de l'entamer. On éleva en 1707 un mur de
garantie capable d'arrêter une telle fureur, mais pour
un temps seulement, car les tempêtes du siècle suivant, surtout celles de 1749, 1777 et 1782 ; dans
le nôtre, celles de 1811 et 1822, brisèrent le ren-
fort auquel cependant la sollicitude du bon roi
Louis XVI avait ajouté sa pierre la plus puissante, (1)
et les flots vinrent frapper de leurs pointes terribles les
rues les plus rapprochées que d'énormes galets proje-
tés par l'ouragan frappaient à leur tour avec violence—
morsure dont elles n'ont pu se guérir, dont elles n'ont
même pas pris soin, en présence d'une menace inces-
sante au fond de ce vaste entonnoir appelé la baie de
Biscaye, formé par les côtes de France et d'Espagne,
dont la baie de St-Jean-de-Luz fait l'orifice, et

(1) Magnifiques môles de 90 toises chacun, qui avaient
pour but, d'après le plan de Vauban projeté sous Louis XIV,
un port de refuge, en fermant la rade, de la pointe Sainte-
Barbe à celle de Socoa, sauf un goulet nécessaire au passage
des vaisseaux.

dont la base, s'ouvrant au Nord-Ouest, reçoit en plein les vents du large. Par bonheur, la houle précipitée avec fracas dans le goulot vient se heurter contre des escarpements sous-marins qui la détournent ou la brisent, et son action reste sans effet nuisible, autre que ces fusées lancées parfois, mais sans danger, sur les premières maisons de la ville.

De plus, l'amoncellement des sables contre les restes de la digue serviront sans doute de contre-fort suffisant à cette muraille en amortissant par leur pente inclinée le coup de la vague ; à moins que l'ennemi ne s'en fasse un moyen d'escalade, ce qui vraiment constituerait un siége par trop en règle.

Mais nous ne pouvons croire à tant de perfidie, et notre confiance semble justifiée par tous les bienfaits qu'apporte ici cette mer à laquelle, dans les jours où se déchaîne la nature tout entière, il est bien permis un instant de mauvaise humeur.

Voyez comme elle se fait douce et belle pour les baigneurs à l'époque où il leur plaît de venir en foule demander le privilége de sa vague expirante sur un lit de sable fin aux pieds des plus timides, ou, plus loin, à quelques brasses, profonde et macérante, selon le goût et le besoin des plus osés;—ce qui constitue les éléments exceptionnels d'un bain gradué à volonté. (1)

_____

(1) Or, cette gradation varie d'après la distance où l'on se

La falaise abrite des aquilons cette partie de la plage où l'on accède par une belle allée de tamaris. Un établissement qui réunit tout le confort désirable : restaurant, café, salon de lecture, terrasse, bains chauds, etc., s'y montre dans les meilleures conditions.

Sur la grève, deux tentes élégantes, garanties du soleil et garnies de sièges nombreux, permettent aux oisifs d'assister au spectacle nautique pour lequel l'admirable encadrement de la baie fait décor. On y aspire un air éminemment salin que parfument les émanations de plantes aromatiques qui recouvrent les dunes voisines.

Enfin, des cabanes coquettes à ravir, s'empressent au devant des hommes, faits tritons, et des dames, faites naïades.

Outre ces avantages, le visiteur peut apprécier ici les ressources de la vie matérielle — la plus nécessaire, hélas ! sinon la plus poétique, vérité qu'à cette heure nous sentons nous-même assez vivement, car, bien qu'au départ, l'estomac garni et l'imagination affamée, nous ayons résolu de ne point songer à l'un pour ne nous occuper que de l'autre, la satiété déborde par ici, tandis que le vide s'est fait par là, c'est-

place des rochers Ste-Barbe, lesquels protègent ce côté de la baie contre le flot.

à-dire que nous nous trouvons placé au point de vue
tout opposé. Pourquoi s'en étonner, d'ailleurs? la vie
ne se compose-t-elle pas des alternatives incessantes
de l'*âme* et de la *bête*, comme dit le spirituel auteur du
Voyage autour de ma chambre.

Leur bonne harmonie (c'est-à-dire leur équilibre)
constitue la béatitude et nous souhaitons, lecteur, de
la rencontrer au reste du parcours qui s'est fait long
déjà.

Pour reprendre haleine, veuillez accepter place à
cette table (n'importe laquelle : tous les hôtels de St-
Jean-de-Luz la comprennent ainsi) (1) dont le centre
offre le choix de plusieurs potages exhalant d'apéri-
tifs parfums, et parmi lesquels se dresse, fière de sa
nationalité (elle est espagnole) *la olla podrida* que
coudoie humblement la *garbure* préférée des gour-
mets basques. Le relevé de ces premières victimes de
la gloutonnerie (en bon mangeur ici l'on goûte un peu
de tout) se fait par le bouilli assaisonné des *garbanzos*
achetés pour plus d'authenticité au marché voisin,
c'est-à-dire en Espagne ; il est accompagné, en outre,

(1) Ce détail, bien entendu, n'est donné que comme couleur locale : la cuisine française se fait habituellement ici
et d'une manière remarquable.

C'est là un trait qui, dans la pensée de l'auteur, doit
concourir, comme beaucoup d'autres, à l'ensemble d'une
physionomie vraie, mais originale, que le touriste ne doit
point retrouver ailleurs.

du piment qui figure sur la table pendant tout le repas, de même que le beurre en Bretagne. Un poisson comme il s'en pêche au golfe Cantabrique, de forme gigantesque et de chair fine, remplace à son tour le plat vulgaire. Des légumes frais-cueillis le matin aux jardins verdoyants qui font tapis aux montagnes, des ragoûts de mouton gorgé de thym et de serpolet, des civets de lièvres et de lapins chassés dans les bois et landes environnants, enfin des rôtis de volailles dorées de maïs complètent avec les fruits renommés de Sare, d'Ascain, etc., et les mille *dulces* de France et de Navarre (parmi lesquels le macaron de St-Jean-de-Luz), ce dîner composé à l'espagnole, servi à la russe, offert à la française.

Quant aux vins, je n'en parle pas : je m'y noierais. Qu'il vous suffise de savoir que les meilleurs crûs de notre pays et ceux non moins vantés du royaume voisin, envoient dans ce coin fortuné, soit par terre, soit par eau, leurs barriques les plus choisies.

Si le repas auquel j'ai eu l'honneur de vous convier, lecteur, est de votre goût, je m'en réjouis ; mais, s'il vous prenait, comme à beaucoup d'autres, fantaisie de venir en ces parages heureux passer un hiver doux et agréable, peut-être verriez-vous quelque peu modifié le menu sorti de ma plume; vous seriez même parfois, je vous en préviens, réduit à vous nourrir... d'ortolans : — il en pleut ici.

A celui qu'un ordinaire trop abondamment pourvu ne conviendrait pas, pour raison de santé ou autre, reste un excellent moyen de vivre à son gré :

Dans les maisons particulières où brille une extrême propreté, un usage fort commode comprend au prix du loyer le service de la cuisinière à qui chacun le soir peut commander sa nourriture du lendemain, et sans gêne aucune ni embarras de ces détails dont le supplice aujourd'hui est devenu intolérable pour toute maîtresse de logis. Des domestiques divers sont également mis, moyennant faible salaire, à la disposition de qui veut.

Quant aux hôtes de ces gentilles demeures, ce sont bien les meilleures gens du monde.

Que la mâle physionomie de ces marins accoutumés à déjouer les perfidies de l'Océan, à lutter contre ses terribles caprices, n'éloigne pas votre confiance, étranger : vrais *loups de mer* dans l'espace, et *moutons* au bercail, ces hommes vous inspireront vite toute sympathie.

La famille, organisée sérieusement, a poli la rudesse de leurs formes et développé leurs qualités natives : la tempérance, la douceur et la bonté.

C'est qu'au logis le marin retrouve sa jolie moitié dont les formes élégantes, les traits fins, la belle chevelure et les grands yeux attirent son attention, appellent son culte. Puis, une voix caressante , plus suave que la brise du soir, lui marque l'atmosphère calme et harmonieuse du foyer domestique, où le caquet d'enfants bien-aimés ajoute encore au doux concert.

La femme elle-même — et sa nature délicate, intelligente, s'y prête à merveille — a reçu au contact de cette foule qu'envoient ici les plus hautes sphères de la société, ce vernis de la civilisation qui donne tant d'éclat, tant de charme, à tout ce qui l'entoure, et se répand si bien de proche en proche.

Ainsi, là plus qu'ailleurs peut-être, l'influence de la femme doit s'exercer sur son entourage. Insouciante et gaie à l'extrême comme jeune fille, elle devient attentive et dévouée aussitôt que les besoins du mari, ceux des enfants, éveillent sa sollicitude ; économe et bonne ménagère, elle est *vaillante*, selon sa propre expression, si originale et si vraie, qui chez elle implique l'idée du cœur à la besogne.

Cette influence, toutefois, est contrebalancée, nous l'avons dit, par le pouvoir du chef qui reconnaît sans envie ni conteste les qualités de sa compagne, content de la part que le ciel lui a départie à lui-même.

Le rôle de chacun ainsi marqué, point de ces tiraillements qui tendent à la prédominance de l'un ou de l'autre, débats où, de guerre lasse, l'homme doit céder à la persistance invincible de la femme, subjugué d'ailleurs..... du premier au dernier..... par sa grâce infinie !

Avant ce terme extrême, il est un point où l'équilibre, par des concessions réciproques, peut aisément s'établir, et ce point, qui apparaît en son temps pour ne plus revenir, les gens sages ne manquent pas de s'y arrêter, car il n'est autre que le bonheur.

. . . .

Cette digression qui, poussée plus loin, sortirait du sujet, n'a eu pour but que d'apprendre à l'étranger la paix qu'il trouvera dans l'intérieur de ces ménages où l'hospitalité lui est offerte.

Les marins, d'ailleurs, sont ici en faible minorité ; nous sommes, et ne l'oublions pas, dans une cité, grande jadis, distinguée encore aujourd'hui, dont les habitants ont conservé les allures du monde.

Le calme du dehors est en harmonie avec celui du dedans :

St-Jean-de-Luz est le séjour des gens heureux sans bruit, élégants sans faste, réjouis sans folie ; c'est la villégiature avec ses ombrages, ses promenades à travers bois, à travers prés, au bord de l'eau, sur une délicieuse route qui fait d'une visite aux Pyrénées le but d'une excursion pédestre, si mieux l'on n'aime l'y laisser glisser en bateau.

Cette quiétude de la vie n'exclut pas les distrac-

tions de toutes sortes que le pays offre au naturaliste
tel qu'il soit. Le chasseur y trouve à peu de distance
du gibier à foison ; le pêcheur y prend tout autant de
poisson qu'il lui plaît, soit à la mer, soit en rivière :
nous avons vu de gracieuses étrangères groupées en
nombre sur le quai, s'exclamer à chaque retrait de
leur ligne ; celles qui sortaient du joli château de
l'Infante auraient pu, à la rigueur, ne pas se donner la
peine de descendre et, de leurs vastes galeries, si
joyeusement ouvertes, lancer l'hameçon dans la Nivelle pour rejeter leur capture sur le tapis du salon.

Si l'initiative du plaisir pouvait jamais devenir un
embarras, nul souci encore ! Des réunions de tous
genres, organisées par l'indigène lui-même, distraient
la ville :

Ici, c'est une partie de pelote où l'intérêt pécuniaire
s'adjoint au charme du jeu : le prix réservé au vain-
queur atteint souvent un chiffre fabuleux, et les paris
sont loisibles à tous. C'est que les champions, renommés au loin, y ont de chaleureux partisans et que les
communes environnantes y sont représentées à l'envi.
Le divertissement prend alors les proportions d'une
lutte d'Etat à Etat, car l'Espagne envoie dans cette
arène glorieuse ses plus habiles et ses plus valeureux
joûteurs.

Là, c'est un quadrille où s'exécutent, au son du

chirola et du *tamburiña*, les danses du pays, parmi
lesquelles le *Saut basque* que les danseurs entremêlent
de cris aigus en signe de réjouissance, par besoin
peut-être aussi d'exhaler, à ce nouveau moyen, une
exubérance de force que l'agitation, et le mouvement
même le plus frénétique, sont impuissants à dépen-
ser complètement.

Ailleurs, jeunes gars à cheval courent sus à de pauvres oies dont il leur faut couper le cou au galop, ou
bien enfiler des bagues également suspendues à hauteur convenable.

D'un autre côté encore, ce sont des parties à la
barre, à la clef, aux quilles, à la hache et au javelot,
puis la course basquaise, le saut à pieds joints, etc.,
enfin tous les exercices possibles qui demandent l'agi-
lité, l'adresse et la vigueur.

Le succès, d'habitude, a pour rémunération une
ceinture de soie offerte par quelque jeune fille jolie et
spirituelle, comme elles le sont toutes au Pays Basque.
La main qui récompense devient souvent chère au
prédestiné qui y cherche bientôt un autre avantage,
beaucoup plus enviable encore... Si ses attentions sont
agréées, on lui en fait franchement l'aveu ; sinon,
quelque ingénieuse allégorie lui apprend avec dis-
crétion sa déconvenue, par exemple, le tison que
la maligne enfant relève sur l'âtre de la cheminée

pour le laisser s'éteindre comme la flamme de son cœur à elle.

La galanterie est ici de bon aloi : sa trame filée par l'amour, ourdie par le temps, (1) sert toujours de couche nuptiale aux heureux tisserands.

(1) Il n'est pas rare de voir des jeunes gens se garder fidélité pendant de longues années, à travers bien des écueils : *Manech* (Jean) peut satisfaire à la loi, si dure pour lui, du recrutement ; ou s'en aller tenter fortune au delà des mers, il retrouvera constante *Gachucha* (Gracieuse), sa fiancée.

L'émigration n'est que trop fréquente au Pays Basque : séduits par les chances de quelques-uns, qui s'en reviennent au sol natal jouir de leurs richesses, la plupart des hommes valides, emmenant parfois avec eux des familles entières, s'embarquent pour la terre d'Amérique (le Sud principalement), où souvent ils ne trouvent que déceptions. Cet abandon des bras les plus forts et les plus courageux rend quelque peu désolée cette contrée dont les terres restent en friche ou sont livrées aux soins de femmes, sous tous rapports impropres à les cultiver.

Cet usage a aussi une autre conséquence fâcheuse : la race qui reste au pays se trouvant la moins robuste, s'y reproduit dans des conditions défavorables et elle dégénère évidemment.

Quant au mécompte qui en résulte pour nos armées, il est fort grand : les Basques sont d'excellents soldats.

Au soir, la veille de la Saint-Jean, un feu énorme attire sur la place filles et garçons, jeunes et vieux, grands et petits, le ban et l'arrière-ban. Rien de plus original que de voir danser en ronde autour du brasier cette population si leste et si gaie, sauter aussi en faisant pirouette à travers les flammes, au-dessus de charbons incandescents, ces Basques dont les jarrets ont pu faire dans le jour 80 kilomètres, prêts à recommencer le lendemain.

Pour quelques-uns des assistants, la cérémonie toutefois n'est pas un vain plaisir ; elle est prise au sérieux et, parmi les vieilles femmes surtout et les enfants, c'est à qui rapportera au logis, outre un brandron noirci, devinez quoi..... un poil de la barbe du saint.

Plusieurs, qui ne l'ont pas aperçu tomber des favoris du Basque en culbute, (1) s'imaginent qu'il a été envoyé là par le patron des âmes simples, comme antidote contre les mauvais sorts.

Car, à ses principes d'une piété profonde et respectable, l'Euskarien (nous l'avons vu dans sa querelle armée de 1611) ajoute volontiers la superstition : sor-

(1) Et, en défiinitive, il n'est autre que l'un des mille filaments détachés du bois enflammé ou des plantes qui ont alimenté le feu.

tilèges, maléfices, sorciers, revenants, feux-follets, loups-garous, etc., etc., tout est de bonne pâture pour son esprit crédule, et le temps seul pourra faire justice de ces frayeurs malheureuses que les exhortations des plus instruits sont impuissantes à dissiper.

Ce n'est pas que l'intelligence du Basque ne soit ouverte à la vérité (elle est, dans ces circonstances, victime de la tradition) ; son esprit est, au contraire, nous l'avons constaté déjà, éminemment vif et fin ; de plus, son imagination, sous l'influence d'un air pur et embaumé, de mœurs régulières qui contribuent à la santé, de l'entourage surtout d'une nature splendide, s'élève à la hauteur même de la poésie :

Trouvère, il aime les aubades où il improvise et chante ses couplets, où il débite aussi les légendes aimées du pays ;

Acteur, il joue des pastorales sur un théâtre dressé en plein air à l'instar des Grecs ;

Poëte enfin, il accourt de toutes parts à ces luttes de l'esprit qui prennent le caractère d'une institution fixe.

Ainsi, tous les ans, au premier dimanche de septembre, Urrugne reçoit ces élus de la noble muse.

Les prix fondés par M. *Antoine d'Abbadie*, membre correspondant de l'Institut et possesseur de l'un des domaines de la contrée, consistent en : 1° un *Makhila* garni en argent et une once d'or pour la meilleure chanson composée en basque ; 2° une once d'or pour le meilleur improvisateur de couplets basques, etc.

Honneur au savant dont le nom, si brillant au foyer même des lumières (il séjourne habituellement à Paris), envoie jusques ici ses bienfaisants rayons !

Les fêtes publiques sont annoncées par l'*Irrint-cinu* (*Irrincina* ou *Irriñac*), ce cri sauvage, frémissant, strident, intraduisible pour tout autre gosier humain que celui du Basque, qui n'est possible qu'à la bête fauve et retentit soudain semblable à celui du chacal. C'est l'appel du montagnard dans la joie comme dans le danger, — ralliement d'allégresse ou défi qui fait trop souvent couler le sang.

A St-Jean-de-Luz se parlent toutes les langues : le français, le gascon, le patois, l'espagnol, l'anglais, etc., mais surtout le basque, cet idiome (langue-mère) si expressif et si riche ! qui se prête à toutes les nuances, les plus subtiles et les plus capricieuses même, de l'idée. Sa pureté la plus grande se remarque dans cette localité ; il a dans la Soule la suavité du parler italien et partout il est brillamment coloré, gracieusement imagé à la manière des langues d'Orient.

Ce mélange pittoresque de langages ne permet-il pas d'appliquer ici, en le modifiant, l'adage si connu, et de dire : Prier Dieu en espagnol ; parler français

à son ami, basque à sa maîtresse, patois à son cheval, etc.

. . . .

Pour qui veut, que de ressources, que d'attraits
dans ce modeste recoin !

Mais aussi que de prosélytes !

La ville de Biarritz ne va-t-elle point en prendre
souci et nous garder rancune d'une préférence trop
marquée, à nous son plus fervent adorateur ?

Ce serait à tort, je le jure.

Les hommages rendus à la station balnéatoire qui
l'avoisine, lui sont dus également, et ces deux sœurs
doivent regarder sans envie les attentions offertes à
chacune d'elles. Une parenté si proche leur vaut un mérite et des agréments communs; la plus jeune surtout
aurait mauvaise grâce à se plaindre, quand elle a par
devers elle tout le charme, toute la coquetterie, l'audace aussi que donne le succès, pour lutter contre
les avantages qui restent encore à son aînée...

A ses gracieusetés vis-à vis de l'étranger, la mer
ajoute des ressources utiles pour l'indigène, moindres
cependant qu'autrefois, et de là une des causes de décadence de la ville prospère.

Mais, un mot d'explication :

St-Jean-de-Luz a compté des années d'éclat que
lui envieraient aujourd'hui d'opulentes cités ! Ses ma-

rins ont étonné le monde de leur audace, et dans bien
des combats leur courage a fait la victoire ; habiles
aux dangers de la pêche, ils ont soutenu de terribles
luttes contre ces monstrueux cétacés qui, au moyen-
âge, avaient envahi le golfe de Gascogne. (1) Le trafic
de la pêche, surtout la construction des navires, les
firent expérimentés commerçants et leur richesse, les
galions espagnols aidant, devint grande. (2)

St-Jean-de-Luz, dans la première moitié du
XVIIᵉ siècle, possédait en mer près de cent bâtiments
de haut-bord, et mettait au service du roi quatre
vaisseaux de guerre ; quelques années plus tard, il ar-
mait à ses frais toute une flottille. La ville, noble et
franche depuis longtemps, antique baronnie du XIᵉ
siècle, comptait alors onze quartiers urbains et 12,000
âmes de population ; elle était considérée comme la
capitale du Pays Basque, titre qu'elle conserve encore.

C'est en son extrême splendeur qu'elle reçut la visite du grand roi suivi d'une cour brillante, et vit cé-

(1) De nos jours, on en trouve la preuve matérielle dans
les vertèbres, les os de baleines, que l'on voit servir de
sièges ou de clôtures dans les campagnes.

(2) Les corsaires St-Jean-de-Luziens les considéraient de
bonne prise à leur retour des Indes en Espagne, alors pays
ennemi.

lébrer son mariage avec l'Infante d'Espagne, le 9 juin
1660.

Un mouvement d'orgueil lui inspira, en ce jour, le
dicton populaire :

> *Seu Jan-dé-Lutz, pétit Paris,*
> *Bayoune l'escudérie,*
> *Lou rey qué s'y maride, etc.*
> Saint-Jean-de-Luz, petit Paris,
> Bayonne l'écurie,
> Le roi s'y marie, etc.

Les rôles ont bien changé, car l'inverse pourrait
être chanté aujourd'hui que les événements politiques
et les chances de la pêche ont fait descendre St-Jean-
de-Luz au rang de simple chef-lieu de canton, faisant
partie de l'arrondissement de Bayonne et ne comptant
pas 3,000 habitants.

Cet aperçu trop rapide a besoin de se fixer par quelques chiffres, de se développer aussi par des faits dont
la nature, d'ailleurs, n'est pas hors de propos.

D'une origine qui n'a plus de date, effacée qu'elle
est par les siècles, (quelques-uns cependant lui assi-
gnent la fin du viᵉ siècle, date de l'effusion des
Vascons ou Cantabres en deçà des Pyrénées, et de leur
occupation première des vallons d'Accotz, berceau de
la ville) St-Jean-de-Luz, (1) à l'époque où Usta-

---

(1) Du latin *lux*, lumière, Saint-Jean de la lumière ; ou

ritz devint la capitale du Labourd, vit, par son caractère commercial et son débouché sur l'Océan, commencer une prospérité qui s'accrut sous la domination anglaise dont elle releva, ainsi que toute la Guyenne, par suite du mariage d'Eléonore avec Henri de Plantagenet; puis ce développement acquit son apogée, comme nous l'avons dit, sous le règne de Louis XIV.

Lorsque cette province avait fait retour à la couronne de France, Charles VII s'était empressé, et ses successeurs, jusqu'en 1784, n'y ont pas manqué à leur avènement, de confirmer les nombreux privilèges qu'avaient acquis à St-Jean-de-Luz les plus brillantes expéditions militaires, celles entr'autres des XIIIe et XIVe siècles; plus tard, sous François Ier, l'assaut du château d'Irun et la prise de Fontarabie.

Ces exploits toutefois, et le rôle de chroniqueur (1)

du Basque dérivé *Luz*, marais, état primitif des lieux; n'importe.

Si nous nous faisons parfois étymologiste, c'est moins en vue de la science historique, que du côté pittoresque.

(1) Nous n'avons point la prétention de faire l'histoire de St-Jean-de-Luz; de plus habiles que nous ont pris les devants et se sont arrêtés le temps utile pour savoir et bien dire.

Voyageur d'un jour pour un assez long parcours, quel—

en ce moment nous fait un devoir de le dire, ne furent pas sans quelques revers. La vaillante cité, surprise sans défense en 1558, fut pillée, incendiée par les Espagnols. Relevée de ses ruines bientôt après, elle retomba un siècle plus tard en leur puissance dont surent encore s'affranchir ses intrépides habitants.

L'édit de 1669, contrairement aux franchises respectées jusqu'alors, lui enleva ses meilleurs matelots. La paix d'Utrecht, en séparant de la France Terre-Neuve que les St-Jean-de-Luziens avaient explorée les premiers (où ils guidèrent ensuite les Anglais et les Hollandais), priva à son tour cette ville des ressources de la pêche à la morue; de plus, il était devenu nécessaire et difficultueux d'aller chercher jusque dans les régions septentrionales, ces baleines que nous avons vues se multiplier en si grand nombre dans le golfe d'où les avait chassées, dès le XVe siècle, une guerre à outrance. Enfin, la mer franchissant ses limites naturelles, vint changer l'état du port qu'elle rendit impraticable pour la plupart des embarcations.

ques heures nous sont à peine loisibles ici ; ces lignes sont donc moins une étude sérieuse qu'une distraction passagère. — Nous l'avons annoncé dès le départ : notre point de vue n'est autre que celui du touriste qui aime à penser sur place.

Tous ces désastres jetèrent au dehors la population et l'amoindrirent avec une effroyable rapidité : relevée sous les premières années paisibles du règne de Louis XV, elle retomba à nouveau et, de 10,000 habitants dont elle se composait en 1730, elle n'en comprenait plus en 1755 que 3,367.

En 1764, onze vaisseaux partaient encore de St-Jean-de-Luz ; aujourd'hui c'est à Bayonne et à Bordeaux que s'enrôlent, chaque année, pour la pêche au loin, les quelques marins de ce pays. Une vingtaine de barques ou chaloupes suffisent à la pêche locale que rendent fructueuse principalement la sardine, l'anchois, etc. ; plus avant en mer, le thon dont il se fait ici un commerce assez considérable : frais, il se débite sur place ou aux environs ; mariné, il s'expédie jusque dans les contrées les plus lointaines.

Mais, bien d'autres poissons, et des plus délicats, viennent ajouter aux captures opérées le plus habituellement dans le golfe.

S'il n'était trop effrayant d'en exposer la nomenclature à vos yeux, lecteur, j'en serais vraiment tenté, car je la tiens d'un mien ami, pêcheur émérite, qui à son tour s'est appuyé de l'autorité d'un naturaliste fort distingué de Bayonne, et dont le nom est inscrit en tête du travail.

Or, ce recueil offre un intérêt réel, puisqu'il reproduit sous une forme scientifique les espèces que l'habitant voit figurer sur ses marchés, que l'étranger peut confronter avec celles de sa localité.

De telles considérations m'enhardissent et, bref, je livre mon tableau :

Nomenclature des Poissons que l'on pêche le plus communément sur les côtes de Saint-Jean-de-Luz, Guéthary, Biarritz et Capbreton,
D'après M. Ulysse **Darracq**, Pharmacien à Bayonne.

NOMS français scientifiques.	NOMS latins.	NOMS français vulgaires.	NOMS gascons.
Bars commun.	Labrax lapus, Cuv.	Loup, louvine ou loubine.	Loubie.
Serran comn.	Perca cabrilla, Lin.	Perche de mer	Crabe.
Idem mérou brun.	id. gigas, Gmel	Mérou.	Mérou.
La Trachine vive.	Trachinus draco, Lin.	La vive.	Chaque-dit.
Le Mulle rouget.	Mullus barbatus, Lin.	Rouget.	
Trigle perlon.	Trigla hirundo, Lin.	Grondin.	Gourlin.
id. Rouget cn	id. pini, Lin.	id.	id.
id. lyre.	id. lyra, Lin.	id.	id.
id. gronau.	id. gurnardus, Lin.	id.	Pirloun.
Scorpène (petite).	Scorpæna porcus, Lin.	Rascasse.	Rascasse.

NOMS français scientifiques.	NOMS latins.	NOMS français vulgaires.	NOMS gascons.
Sciène maigre	Sciæna umbra, Cuv.	Maigre (dans le jeune âge Tihoure).	Magre.
id. ombrine vulgaire.	id. cirrhosa, Lin.	Verrue.	Bourrugue.
Spare dorade	Sparus aurata, Cuv.	Dorade.	Daourade.
id. brême de mer.	id. brama, L	Mouchon.	Mouchoun.
id. mendole.	id. mœna, L.		
id. pagel.	id. crythrinus, Lin.	Pajel.	Brecque.
id. rousseau.	id. controdontus, Lar.	Rousseau.	Arrousseou.
id. bogue.	id. boops, Lin.	Bogue.	
Scombre maquereau.	Scomber scombrus, Lin.	Maquereau.	Maquereou.
id. thon.	id. thynus, L.	Thon.	Atoun.
id. alalonga.	id. alalonga, Gmel.	Thon blanc.	Alot.
id. sarde.	id. sarda, Bl.	Bonite.	Bonite.
Caranx trachure.	Caranx trachurus, C.	Chicharrou.	Chicharrou.
Dorée poisson de St-Pierre	Zeus faber, L.	Rose, à Capbreton.	Ouille, au Boucau.
Muge céphale	Mugil cephalus, Lin.	Muge.	Murlou.
id. à grosses lèvres.	id. chelo, C.	Muge limousin	Murlou limousin.
id. sauteur ou doré.	id. auratus, Cuv.	id. sauteur.	id. saoutereou
Blennie papillon.	Blennius ocellaris, Bl.	Cabos.	Cabos.

NOMS français scientifiques.	NOMS latins.	NOMS français vulgaires.	NOMS gascons.
Blennie baveuse.	Blennius pholis, L.	Cabos.	Cabos.
Labre vieille tachetée.	Labrus maculatus, Bl.	Vieille.	Bille.
id. rayée.	id. variegatus, Gmel.	id.	Pesquit.
id. verte.	id. turdus.	id.	id.
id. girelle cne	id. julis, Lin.	Girelle.	Trincougnaou.
id. id. rouge	id. gioffredi, Risso.	id.	Riban.
Lophie baudroie.	Lophius piscatorius, Gm.	Crapaud ou diable de mer.	Crapaout de ma
Saumon éperlan.	Salmo eperlanus, Lin.	Eperlan.	Abichot.
Hareng commun.	Clupea harengus, Lin.	Hareng.	Hareng.
Escoce bone.	Esox belone, Lin.	Aiguille de mer.	Agueille de ma.
Clupe sardine na.	Clupea sardina.	Sardine.	Chardine.
id. celan ou pilchard.	id. pilchardus, Bl.	Grande sardine.	Grane chardine.
id. anchois.	id. encrasicholus, L.	Anchois.	Anchouas.
Gade merlan.	Gadus merlangus, Lin.	Merlan ordinaire.	Merlan.
id. jaune.	id. pollachius Lin.	Le Lieu.	Julienne.
id. merlus.	id. merlucius Lin.	Merlus ordinaire.	Merluche.
Pleuronectes plie.	Pleuronectes platessa, L	Plie.	Platuche.
id. limande.	id. limanda, Lin.	Limande.	Limande.

NOMS français scientifiques.	NOMS latins.	NOMS français vulgaires.	NOMS gascons.
Pleuronectes turbot.	Pleuronectes maxima, Lin.	Turbot.	Turbot.
id. carrelet.	id. rhombus Lin.	Barbue.	Roume.
id. sole.	id. solea, Lin	Sole.	Sole.
Murène congre	Murena conger, Lin.	Congre.	Coungre.
Syngnate hippocampe.	Syngnathus hippocampus, Lin.	Cheval marin.	Chibaou de ma
Tetrodon lune	Orthagoriscus mola, Lacép	Lune d'argent	Arrode de ma.
Squale roussette.	Squalus canicula, Gmel.	Chien de mer.	Can de ma.
id. rochier.	id. catulus, Lin.	Chat de mer.	Gat de ma.
id. milandre.	id. galeus, L	Thouilh.	Thouilh.
id. emissole.	id. mustelus, Lin.		
id. marteau.	id. zigœna, Lacép.	Marteau.	Martet.
id. ange.	id. Squatina, Lin.	Ange de mer.	Bilan.
Raie torpille.	Raia torpedo, Lin.	La Torpille.	Arrounce bras.
id. bouclée.	id. Clavata, Lin.	Raie bouclée.	Raye.
id. batis.	id. batis , Lacép.	id. blanche.	id.
id. pastenague.	id. pastinaca, Lin.	id. bastangue.	Bastangue.
id. aigle de mer.	id. aquila , Lin.	id. Aigle de mer.	id.

Une rivière, nous l'avons nommée déjà, sépare St-Jean-de-Luz de Ciboure (1), modeste bourgade qui a suivi toutes les vicissitudes de sa voisine, sa grandeur et sa décadence ; partageant avec elle la gloire des armes et les bénéfices de la pêche, mais écrasée comme elle aussi par les revers et mutilée surtout par l'échec de 1558 où elle perdit les deux tiers de ses maisons ; tristement assise aujourd'hui à la base de ce coteau dont elle garnissait jadis les hauteurs, veuve d'une population de 5,000 habitants, dont 1,500 lui restent à peine, absents même en partie, chaque été, pour la pêche au loin.

Quelques vestiges attestent encore des temps glorieux : plusieurs demeures de ses personnages riches et famés, y montrent leurs belles façades ornées de fenêtres à croix de pierre, de balcons en fer élégamment ouvré. Une église dont le clocher, par sa forme, rappelle le goût de régions plus lointaines, offre à la prière un sanctuaire mystérieux. Sa distribution est la même que celle déjà signalée dans ce pays, et l'autel y resplendit de dorures et de sculptures nombreuses. On y lit : *A Notre-Dame de la Paix*, — dédicace

(1) *Çubi-Buru*, bout de pont. La tête de l'ancien pont, en effet, venait autrefois aboutir à son quai plus près de la mer.

qui nous porte à croire que, dans leurs querelles avec les voisins, les Cibouriens pourraient bien n'avoir pas toujours eu tort, qu'ils auraient été rarement, du moins, les agresseurs.

À la population de Ciboure se mêlent, de nos jours encore, quelques membres de familles étrangères, mais raccordés, fondus pour la plupart dans la masse indigène par des alliances ou des rapports d'habitudes et d'intérêts, participants au bienfait de la loi civile comme de la loi religieuse.

Ils n'ont plus rien de commun avec ceux de leurs frères, moins favorisés, qui vivent à l'aventure, au seul abri des montagnes, errants parfois dans les rues de nos villes et dont, à leur aspect, on se demande curieusement l'origine.

Leurs traits (1), en effet, accusent une physiono-mie à part ; leurs haillons ridiculement prétentieux attestent un éclat passé et une misère présente ; leur

(1) Cheveux noirs, durs et crépus, front proéminent et bas, yeux astucieux ou vifs ou atones, nez épaté, lèvres épaisses, teint cuivré.

Quelquefois aussi (et le plus souvent chez les femmes) une peau blanche, une bouche fine, un nez aquilin, de grands yeux doux et brillants tout à la fois, ornés de sour-cils arqués et de longs cils, un front large et haut, des cheveux lisses et soyeux.

maintien révèle une vitalité musculaire et une dégradation morale.

Ces hommes sont-ils les descendants de ces hordes déversées en Europe par le Nord?

Sont-ils des restes oubliés là de l'invasion sarrasine dans le Midi de la France au VIIIe siècle?

Ou bien, des débris laissés plus tard au passage de ces mêmes Sarrasins, Arabes ou Maures, les conquérants de l'Espagne, vaincus à leur tour, et, à diverses reprises, chassés, refoulés jusque sur notre sol par les indigènes?

Sans nous livrer à une étude historique que ne comporte pas le cadre de notre travail, et avec le regret de couper court à un sujet de si grand intérêt, dépourvu d'ailleurs de documents suffisants, en l'absence de faits positifs, en présence de conjectures contradictoires et beaucoup trop hypothétiques, disons qu'à notre avis ces étrangers doivent être sortis de l'Afrique.

Mais de quelle contrée?

Nouvel embarras : de l'Egypte peut-être (on les appelle *Egyptocouac*), ou de Mauritanie (on les traite de *Maurisques*); assurément aussi du désert qu'occupaient surtout les Arabes transbordés là même, comme l'on sait, en si grand nombre et en des temps antérieurs, des régions asiatiques.

En effet, l'on retrouve dans la caste qui nous occupe les types de ces races distinctes.

L'opinion la plus accréditée les fait venir d'Espagne en France. A quelle date ? et de quelle partie du royaume ?

Les écrivains ne sont pas d'accord sur le premier point ; ils diffèrent davantage encore sur le second.

Ceux qui cependant ont traité ou plutôt effleuré ces questions au passage (et ils sont peu nombreux) pensent, pour la plupart, que les *Gitanos* (c'est, de nos jours, la dénomination généralé ici (1) de tous ces importés d'Espagne, bien que là elle ait toujours signifié spécialement *Egyptiens*, classe à part) proviennent du Midi de l'Espagne, de Valence, Murcie et Grenade principalement. (2)

---

(1) On la varie du nom de *Cascarot*, ou bateleur, donné à ceux d'entr'eux qui se livrent à cette profession et, par extension, à d'autres encore.

(2) Un historien raconte qu'en 1447 quelques individus arrivèrent à Barcelonne sans que l'on sût d'où ils étaient partis. Favorisés par une extrême liberté, ils auraient conservé sur la terre espagnole, et dans un isolement absolu, leurs mœurs primitives. Puis, se multipliant bientôt au nombre de 7 à 8,000, ils se seraient répandus dans la Péninsule et, au XVIᵉ siècle, auraient occupé le bassin de l'Ebre d'où ils franchirent, on ne dit pas à quelle époque, les Py-

Oui, sans doute, en ce sens que leur premier pas
sur la terre d'Espagne fut marqué par la conquête de
l'Andalousie et des régions voisines (VIIIe siècle),
mais ne s'ensuit pas qu'ils en soient advenus directe-
ment et cette assertion, au contraire, nous paraît in-
vraisemblable ; voici pourquoi : ·

Après la prise de Grenade, on avait disséminé dans
la Péninsule les Maures (sous cette appellation nous
comprendrons désormais toutes les hordes musulma-
nes) qui habitaient ce royaume, leur dernière possession. Leur nombre étant venu à s'accroître en propor-
tion inverse de celui des vieux chrétiens qui émi-
graient alors pour le Nouveau-Monde ; leurs richesses
aussi, en des mains intelligentes et cupides, habiles à

rénées aux deux extrémités : le Roussillon et la Basse-
Navarre.

L'auteur arguant d'une certaine similitude de physionomie et d'usages avec les peuplades de l'archipel indien,
donne à ces inconnus cette origine lointaine et croit les
voir dans les Gitanos, sans de preuves autres.

Une telle opinion, qui offre un côté piquant, présente par
elle-même beaucoup d'invraisemblance, outre un désaccord
assez grand avec nos données historiques.

Nous avons cru cependant ne pas devoir la passer sous
silence, la laissant à l'appréciation d'autrui, sans la dédai-
gner nous-même.

acquérir, obstinées à conserver, se trouvant grossir démesurément, ces Mahométans éveillèrent des craintes, excitèrent des jalousies.

Le souvenir de leur tolérance à l'époque de la conquête, et durant toute leur prospérité, pour la religion du vaincu, de leur respect pour ses mœurs et ses lois, ne put leur faire trouver grâce au jour de la défaite. Esclaves et trop souvent même sacrifiés au bûcher sous le règne de Ferdinand et d'Isabelle, malgré les termes de la capitulation du dernier roi de Grenade, ils sont persécutés par Philippe II, et leur expulsion, sous le prétexte de connivences avec les Africains, est résolue par Philippe III. — Arrêt inique qui enjoignait à ces malheureux, sous peine de mort, de sortir du royaume dans un délai de 30 jours, temps à coup sûr insuffisant à la réalisation de leurs fortunes qui deviennent ainsi une proie facile pour les oppresseurs, et fort séduisante sans doute, puisqu'elle paraît préférable à deux millions de ducats d'or que proposent les victimes pour échapper à la loi du bannissement.

Ils partent avec les quelques bribes qu'ils ont pu rassembler à la hâte et dont les dépouillent même en partie ceux qui opèrent leur transfèrement; aussi, leur pénurie est-elle complète (1) dès leur sortie à peine

_____

(1) Plusieurs cependant trouvent moyen de sauver et

de ces états qu'ils avaient fait si florissants, que pendant huit siècles ils avaient enrichis de leur industrie, éclairés, civilisés de leurs lumières importées d'Asie et d'Afrique, refuge des arts, des sciences et des lettres après la décadence de l'Empire romain.

Plusieurs édits furent rendus successivement : le premier, en date du 11 septembre 1609, publié à Valence le 22 du même mois, fait transporter plus de 130,000 Maures (1) sur le sol africain ; le second, du 9 décembre suivant, prescrit l'embarquement des Maures de Grenade et Murcie ; le troisième, du 10 janvier 1610, ordonne l'expulsion de ceux d'Aragon, de Castille et de Catalogne par les Pyrénées.

Comme on le voit, la sortie avait été décrétée selon les divisions territoriales : les bandes habitant le Midi dégorgent sur la Méditerranée, tandis que celles du Nord et du Levant débouchent par les montagnes frontières de France.

Dès lors, en ce qui concerne Bayonne et ses environs, y compris Ciboure et la lisière la plus rappro-

d'emporter avec eux des valeurs considérables qui diminuent d'autant la richesse de l'Espagne ; car on ne les calcule pas à moins de cinquante-deux millions de valeurs actuelles.

(1) On n'estime pas à moins d'un million leur nombre total en Espagne.

chée des Pyrénées, nous avons traces pour suivre sur
notre territoire ces Maures que, dans les actes du
temps, on désigne sous le nom de *Morisques.*

Avis est donné de leur arrivée :

> 12 février 1610 — (1). Sur la re-
> montrance du sieur lieutenant en
> la mairie d'un avis de M. l'ambas-
> sadeur de France (en Espagne) du
> passage des Morisques, le corps de
> ville commet le sieur lieutenant,
> deux échevins et le syndic pour
> avertir M. de Sensac du passage
> des Morisques, aux fins qu'il en
> arrête le cours, si faire se peut.

Henri IV ordonne qu'on les reçoive ; mais, sans tenir compte de l'offre faite par les exilés de défricher
les landes de la Guienne (refus impolitique autant
qu'inhumain, dont le regret s'est fait sentir plus tard),

---

(1) Nous devons les extraits suivants des registres des
délibérations de la ville de Bayonne à l'obligeance de l'ar-
chiviste-bibliothécaire, M. Dulaurens, qui s'est empressé de
mettre à notre disposition tous renseignements en son
pouvoir.

Nota. — Dans nos citations, nous conserverons le style,
sinon l'orthographe du temps.

il veut que l'on prépare des vaisseaux pour le transport de ceux qui ne consentiraient pas à rester dans le royaume en faisant profession de catholicisme (idée assez conséquente chez le Béarnais qui avait dit : *Paris vaut bien une messe,* mais ne se comprenant plus chez le propagateur de la liberté religieuse, l'auteur de l'édit de Nantes).

Beaucoup préférèrent la conservation de leur culte à une telle hospitalité, et furent, quelques mois après, conduits de Bayonne en Languedoc pour être embarqués au port d'Agde, en destination de Tunis.

15 mars 1610. — Lecture en conseil des lettres-patentes du roi, du dernier février 1610, portant que les Morisques qui videront l'Espagne, pourront résider en France, au delà de la rivière de Garonne, en faisant profession de vivre en la religion chrétienne devant l'évêque de cette ville, et ceux qui ne voudront faire la dite profession, seront menés au port de la mer du Levant pour s'en aller où bon leur semblera.

Un grand nombre s'arrêtent à Bayonne, où leur misère devient bientôt une gêne :

29 août 1611. — Ordre du Conseil.—
Un échevin et un jurat sont char-
gés d'expulser de la ville tous fai-
néants et réfugiés, et nommément
les Morisques, qui y viennent aborder en grand nombre, et sortir les
immondices que pourront appor-
ter ; — délibération prise à cause
des grandes maladies dont plusieurs personnes sont mortes, et
qui pourraient croître de jour en
jour.

La pénalité devient nécessaire :

3 octobre 1611. — Confirmation de
la délibération précédente — défense aux sieurs de Foix et Delan-
ne, qui faisaient travailler des Morisques en leurs héritages, de conserver ces Morisques à peine de 100
livres.

Leur religion (à laquelle ils sont restés fidèles, il
paraît, nonobstant les termes de l'édit), leurs rapines
aussi inspirent des craintes :

7 octobre 1611. — Un échevin est
commis pour remontrer et requé-
rir (sic) à M. de Gourges, maître

5

des requêtes de l'hôtel du Roi, com-
missaire député par S. M. pour le
passage des Morisques, qui est de
présent à St-Jean-de-Luz, de faire
vider les Morisques pour n'infecter
ce pays de leur loi mahométane,
ni à porter aucun autre préjudice
à cette frontière.

Leur séjour en ville (car ils y reviennent toujours) devient intolérable, et la mesure la plus rigoureuse est prise contre eux :

14 octobre 1611. — Il sera fait commandement aux Morisques de vider
la ville et sa juridiction dans trois
jours, sous peine de la vie, et défense aux habitants d'en retirer
aucun; ainsi, renvoyer ceux qu'ils
ont.

Ils commencent, cependant, à se rendre utiles et à
intéresser :

23 octobre 1611. — Sur la remon-
trance de M. Sorhaindo qu'il y avait
un Morisque très-expert en l'état
de maréchal, et qu'il fallait tâcher
de l'avoir en ville, fut délibéré que
ledit Morisque serait appelé pour

venir résider en ladite ville avec sa famille sans plus.

Ils persistent à reparaître en nombre dans la ville et, leur pauvreté faisant redouter une calamité publique, on remet en vigueur les prohibitions premières :

25 mai 1612. — Le sieur d'Etchegaray remontre que, contre les inhibitions ci-devant faites, publiées et affichées aux portes, les Morisques entrent en ville en grande abondance, même en ce temps, extrêmement chaud, accablés de pauvreté et misère, et à cette occasion, il est à craindre qu'ils n'engendrent quelqu'infection en la ville.... fut ordonné que les inhibitions seront de rechef publiées et affichées, et fut fait commandement à tous les soldats du guet de chasser les Morisques hors de la ville.

Ils se fixent aux alentours, où leur vie prend quelque consistance :

18 janvier 1613. — Délibéré que les Morisques paieront le droit de billette (passavant, congé, acquit à caution) pour les blés qu'ils tire-

ront de cette ville, et seront trans-
portés vers Labourd et ailleurs.

On les éloigne de la cité qu'ils avoisinent de trop
près :

> 6 mai 1613. — Sur la remontrance
> du sieur de Lalande, échevin, dé-
> libéré que les Morisques videront
> hors de St-Esprit et St-Etienne, et
> en sera publié ordre tant ès-dits
> lieux qu'en la ville.

Leur émigration d'Espagne continuait toujours et, à
une première bande de 40,000, beaucoup d'autres
avaient succédé, puisqu'il est constaté qu'en mai
1610, 500,000 Morisques étaient encore retenus en
Espagne par les difficultés de la sortie.

On craint alors l'encombrement et surtout la conta-
gion :

> 6 juillet 1613. — Echevin et jurat
> commis pour prier M. de Sensac
> d'interdire et défendre l'entrée des
> Morisques au passage - frontière
> pour éviter qu'ils ne nous appor-
> tent de la maladie causant leur
> pauvreté et ruine.

Enfin, on les chasse à nouveau avec injonction aux
paroisses voisines d'user de même à leur égard :

2 septembre 1613. — Délibéré, publication à St-Esprit, St-Etienne, Bayonne, par laquelle sera enjoint à tous Morisques de vider les lieux partout le jour et de n'y retourner plus. Sera écrit aux jurats des paroisses circonvoisines de ladite ville de chasser hors icelles lesdits Morisques.

Nous nous arrêtons là, croyant être maintenant fixé sur le point qui nous intéresse, à savoir que beaucoup de ces Morisques séjournèrent aux pays circonvoisins de Bayonne (en Labourd nommément) et dans les villes ouvertes, sans défense, où ne pouvaient les frapper des mesures facilement exécutoires dans la cité murée.

Ciboure, comme la première ville qui se rencontrait à leur passage, ainsi que St-Jean-de-Luz, Guéthary et Biarritz, durent en recevoir un assez grand nombre ; quantité cherchèrent sans doute asile aux abords des Pyrénées, où leur présence était volontiers tolérée, où la pénalité d'ailleurs ne pouvait les atteindre.

Pendant tout le cours du XVIIIe siècle, cependant, les actes et règlements relatifs aux Gitanos devenus dangereux, il paraît, se succèdent dans les registres des Etats de Navarre, où ils sont qualifiés de *Bohémes*.

Dans notre siècle aussi, des mesures ont été prises contre eux et, en 1802, un arrêté préfectoral en fit saisir une quantité considérable, notamment dans les arrondissements de Bayonne et de Mauléon, pour être conduits dans un dépôt ou déportés en Afrique.

Jusqu'à preuve contraire et suffisante, qu'il nous soit donc permis de penser et de dire que ces Gitanos, dont l'aspect vient pittoresquement varier ici le tableau, tout en l'intéressant d'un trait historique, sont une lignée des Maures, Arabes, Egyptiens jetés confusément sur notre sol par leurs fréquentes expulsions d'Espagne, entr'autres celle (qui ne fut ni la première, ni la dernière) dont nous retrouvons trace authentique au commencement du xviie siècle. (1)

Physionomie étrange, répétons-le, qui s'est perpétuée de siècle en siècle, sans mélange ni contact ; caractère avide de liberté, sacrifiant tous principes à l'amour de l'indépendance, dédaigneux de la civilisation jusqu'à lui préférer les hasards et les dégoûts d'une vie misérable et aventureuse, indolente et vagabonde, livrée aux travaux les plus infimes, exploitant la crédu-

(1) Les Gitanos proprement dits (Egyptiens) paraissent cependant avoir été surtout l'objet d'une expulsion ordonnée à la fin du xve siècle par Isabelle et Ferdinand.

lité d'autrui par la magie, la devination, la nécroman-
cie, effrayant son esprit par la sorcellerie, ou mendiante
et, en fin de ressources, coureuse à la maraude, à la
rapine ; existence sans frein, qui dans l'accouplement
ne connaît point de loi, dans la séparation point
de regrets ; race déshéritée enfin, qui se procrée
animalement et végète sur la lisière des Pyrénées,
accroupie aux derniers échelons de l'échelle so-
ciale, ne se rattachant à l'humanité que par les débris de cette famille de Bohémiens que l'on retrouve
épars en Provence, en Allemagne, en Hollande, etc.,
et qu'il ne faut pas confondre avec les *Cagots* ou
Agots (*Agotac*), que l'on rencontre aussi parfois dans
ces parages (le Béarn principalement), et forment la
descendance, mais bien réduite, de ces Goths ariens
qui, au v⁵ siècle, possédaient la Novempopulanie, ou
celle des Goths, les vainqueurs des Romains, qui vinrent, fuyant devant le cimeterre arabe, chercher en
deçà des Pyrénées un asile acheté alors au prix de
douloureuses humiliations, oubliées aujourd'hui par
suite d'une fusion presque complète de cette race
dans celle des Basques.

Les Gitanos, de date plus récente, ne peuvent encore invoquer l'oubli des siècles et, sous l'ignorance
superstitieuse des campagnes, ils restent frappés d'a-
nathème.

Au point de vue de la philantropie, comme à celui d'un intérêt commun, en souvenir aussi d'un bienfait, quelque lointain qu'il puisse être (1), ne serait-il point sage de tendre la main à ces parias, dont l'intelligence dégradée peut se relever encore sous une influence suffisamment protectrice ?

Et cet appel est fait surtout aux populations en rapport avec cette caste avilie par les souffrances et la misère, qu'un accueil bienveillant ramènerait peu à peu à la conscience du bien, comme à la dignité de l'homme.

En suivant le quai de Ciboure et vers la partie méridionale de la baie, se voit un établissement de bains de mer dans les conditions les plus favorables. Il appartient au bourg que nous venons de quitter, où nous avons vu aussi nombre d'habitations au choix des baigneurs.

Si l'on continue le chemin gracieux qui serpente à mi-côte de la falaise et suit les ondulations du rivage, on ne tarde pas à rencontrer un groupe de maisons pittoresquement blotties au milieu des rochers, près

(1) Car, ne l'oublions pas, c'est de l'Espagne que nous avons reçu le germe de cette civilisation dont nous sommes si fiers, après qu'elle-même l'avait recueilli de ces peuplades d'Orient.

d'un petit hâvre protégé par un large mòle où s'amarrent de modestes nacelles, quelques trincadoures ou chassemarées, pouvant seuls aborder sur cette côte de fer, hérissée de roches, incessamment battue par les vagues.

Plus avant en mer, une belle jetée protège le port de Socoa (1) en recevant la lame qui vient s'amortir sur sa pente inclinée.

Cette anse tracée par Henri IV, si déserte aujourd'hui, a, dans un âge moins ingrat, abrité 30 ou 40 navires.

Des murailles contournent le rocher au sommet duquel est assis un vieux fort qui domine et défend la mer et la plage. Ses constructions sont échelonnées et sa puissance principale consiste dans une tour massive, bâtie plus récemment, présentant sept embrasures pour bouches à feu, autant de soupiraux à grenade.

Du parapet de la plate-forme, se développe un panorama admirable :

A gauche, les montagnes qui baignent leurs pieds dans les ondes et confondent leurs sommets dentelés dans le ciel bleu de l'Espagne, projettent leur profil au plus loin de l'horizon.

(1) *Socoa*, en basque, signifie recoin : telle est, en effet, la position de ce port.

A droite, comme encadrement du fond, s'allonge la chaîne des Pyrénées, précédée de vertes prairies qui s'étendent jusqu'à St-Jean-de-Luz, en se couvrant de monticules semés à leurs faîtes d'habitations au milieu de riants bocages.

La rade forme un cintre régulier, dessiné par les plus curieux détails : tout d'abord, s'élèvent les premières assises des montagnes, le long desquelles se joue la route de Socoa à Ciboure, coupée bientôt par une petite rivière qui s'en est venue du pays voisin, toute joyeuse, trottinant à travers monts et vaux, pour offrir sa goutte d'eau à l'Océan.

Plus loin, St-Jean-de-Luz, qui paraît un bloc abandonné sur la grève, offre une image de mélancolie profonde.

Pauvre ville ! tes destinées furent toujours extrêmes : d'un côté, assiégée par l'Océan qui a déjà englouti ou dévasté celles de tes constructions les plus exposées à ses coups ; de l'autre, attaquée par l'Espagnol dont la torche impitoyable a dévoré tes quartiers les plus beaux, tu t'es vue tour à tour la proie des eaux et des flammes.

Puis, comme indemnité sans doute à de tels désastres, enrichie par tes deux adversaires à la fois, tu te redressas haut pour retomber encore, blessée au cœur par les événements politiques de ta mère-patrie elle-même.

Fière dans la prospérité, tu t'es résignée dans les revers et, après avoir défendu pied à pied une conquête ambitionnée par tes deux ennemis naturels, tu as au moins conscience de n'avoir point failli au courage, de n'avoir point désespéré de toi-même.

Déchue aujourd'hui d'une grandeur si souvent abattue, si souvent relevée, toute meurtrie du passé, tu souris encore à l'avenir, et tu reçois avec bonheur la main que t'offre, chaque année, ta voisine bienveillante (l'Espagne à l'époque des bains de mer), comme tu t'inclines avec reconnaissance sous l'œil protecteur qui vient de se tourner vers toi (le Souverain songe à réaliser, en partie du moins, le projet de défense contre la mer, formé par ses prédécesseurs et fatalement abandonné ou inachevé plusieurs fois déjà.)

Enfin, depuis quelque temps, tu as reçu visite de ces hôtes qui, en des siècles meilleurs, peuplèrent ton golfe opulent, et s'en étaient allés capricieusement habiter les confins du Nord. — Songerait-on, par hasard, à toi de si loin ?

Espère, espère toujours..... En ton bonheur, crois-le, se fixera le destin.

. . . .

A la suite de St-Jean-de-Luz, et sur la plage, une ligne de verdure (tamaris bordant une route dont le sol est ferme et parfaitement entretenu), relie la ville à l'établissement des bains que dominent les hauteurs de Ste-Barbe. Le cap fait à la baie une pointe à laquelle, de l'autre côté et en face, répond celle de Socoa ; un fort le couronnait autrefois.

Ste-Barbe commence une série de falaises qui se continuent jusqu'à Biarritz, en se variant des villages de Guéthary et Bidart.

Au delà de Biarritz, et après les sables qui distancent cette ville de l'embouchure de l'Adour, des massifs de pignadars entrecoupés de dunes, se pressent au rivage jusqu'à Bordeaux.

. . . .

Transportons-nous de rechef au pont de la Nivelle pour, de là, suivre le cours de notre excursion.

Mais, un dernier regard encore à St-Jean-de-Luz, dont les horizons se ferment à gauche par les Pyrénées, en face par le coteau de Bordagain, et s'ouvrent à droite par l'infini de l'Atlantique. La mer s'avance à la rencontre de la rivière dont le bassin, rempli aux heures de la marée, (1) s'élargit coupé par une île dans la ville même qui dessine aux abords ses maisons pittoresques, coloriées des teintes les plus vives, et

(1) Plus d'une inondation, par suite d'ensablements temporaires, en est résultée ; et l'une d'elles, entr'autres, a causé à la ville de grands dommages.

surmontées de leurs avant-toits s'abaissant anguleuse-
ment sur de vastes balcons, en forme de châlet. (1) Plus
près, le château Louis XIV, celui de l'Infante, ouvrent sur les eaux leurs galeries italiennes et ajoutent
à un effet d'ensemble qui donne à la cité un aspect
vraiment étrange, faisant songer à Venise.

La route d'Espagne, après avoir traversé le pont,
s'engage étroite et tortueuse dans les premiers contre-
forts de la Rhune, se dégageant bientôt pour courir
en écharpe sur Béhobie.

Lançons-nous y résolûment.

Ha!

Si, par hasard, vous le rencontrez sur votre passage, ce souvenir du vieux temps, reliquaire autre que
celui du bon La Fontaine, haquenée, baudet ou ros-
sinante, bête de somme affublée du bât traditionnel,
cacolet enfin, (2) ne riez pas, je vous en prie... à

---

(1) Ce modèle est habituel au Pays Basque.

(2) Espèce de panier à compartiments découverts, posé
sur le dos d'un cheval, et offrant un double siége aux
personnes qui cheminent ainsi côte à côte, les pieds ap-
puyés sur une escarpolette.

Ce véhicule, assez original, est fort commode, souvent
même indispensable aux approches et sur le versant des
montagnes.

moins qu'en se débarrassant de son fardeau, il n'en
déverse, faute d'équilibre, la moitié par terre sous
votre œil moqueur, et plus curieux peut-être encore...
Sur quoi, je vous souhaite bonne chance.

En route donc.

Qu'elle passe inaperçue, cette horloge d'Urrugne
dont les heures, comme les étapes de la vie, sont
marquées par une douleur :

> *Vulnerant omnes, ultima necat.*
>
> Toutes blessent, la dernière tue.

Vérité bien universelle, puisqu'elle atteint l'homme
jusques ici !

Mais sentence de trappiste qui retentit haut dans la
vie du cloître, et reste sans écho dans un horizon sans
fin. ...

L'illusion seule, en ce moment, nous fait aspect ;
elle nous rend l'espace libre, évitons le trait en fuyant.

Arrêtons-nous pourtant à Urtubie, devant les tours
de ce vieux manoir du XIVᵉ siècle, noble souvenir
évoqué plus haut, effondré, détruit aujourd'hui, que
remplace une construction moderne, joli château du
XVIIᵉ siècle, auquel les vestiges du passé donnent encore une physionomie pleine d'intérêt.

Au dernier pas sur le sol de France, le plus poétique tableau se déroule aux yeux :

La montagne se dresse et le voyageur la coudoie ;
une route capricieuse la contourne, laissant voir long-

temps, pour y conduire ensuite, Béhobie qui se blottit au fond du vallon dans un massif de verdure où coule, en s'élargissant, la Bidassoa sortie d'une gorge boisée entre deux monts rocheux.

Sur la rive opposée, la terre d'Espagne, gracieuse comme le sourire d'une amie, vous fait hommage de ses plus merveilleux attraits!

§ III.

La Bidassoa et l'ile des Faisans. — Hendaye. — L'Espagne: Fontarabie et Irun. — Retour.

§ III.

La Bidassoa et l'île des Faisans. — Hendaye. — L'Espagne : Fontarabie et Irun. — Retour.

Acceptez tant d'avances et , sur la barque qui vous attend, côtoyez, rêveur, ces bords fortunés. Qu'un tel aspect suffise à vos regards, ils chercheraient en vain la trace de cette île fameuse—l'île des Faisans—dont le souvenir seul subsiste aujourd'hui comme une poésie, évanouie qu'elle est sous les eaux, de même que sont ensevelis dans la poussière les hauts personnages qui l'ont rendue célèbre : Louis XI et Henri IV de Castille, Louis XIV et Philippe IV d'Espagne, Mazarin et don Louis de Haro, Anne d'Autriche et Velasquez, ce peintre célèbre qui paya, dit-on, de sa vie l'honneur d'embellir le pavillon des monarques glorieux, édifié sur cette terre mitoyenne pour le besoin de leur conférence.

Atteint, là même, de fièvres violentes à un âge où la santé devient facilement altérable, Velasquez mourut le 7 août 1660 et, comme on le voit, peu de mois après son travail.

Mais ce n'est point en qualité d'artiste que Velasquez avait accompagné à Irun le roi d'Espagne ; depuis longtemps promu, comme récompense de son talent, il est vrai, aux fonctions de premier maréchal-des-logis du palais, il figura noblement, dit la chronique, au milieu de cette cour fastueuse, grand seigneur par l'élégance de ses manières et la richesse de ses vêtements.

Les décorations du kiosque royal ne durent être de sa part qu'un acte bénévole, le trait d'un pinceau toujours impatient à produire et merveilleux dans ses opérations, car on a, de tous temps, considéré les tableaux de Velasquez comme de premier ordre sous le double rapport de l'effet et du coloris. Ils constituent aussi une spécialité (l'étude de la nature) qui fit école à Madrid où vint habiter cet enfant de Séville (né en 1599).

Nous avons cru devoir, en passant, rendre hommage à la peinture espagnole dans la personne d'un homme dont le souvenir se rattache intimement à notre récit.

A l'embouchure du fleuve qui bientôt s'en va, vers le cap du Figuier, confondre ses méandres d'argent dans l'azur de la mer, d'un côté gît Hendaye, de l'autre expire Fontarabie.

C'est ainsi qu'en toutes choses, ici bas, le terme doit être fatal !

. . . .

Oh! les heures d'Urrugne !

. . . . , ...

Mais, consolation ! si tout meurt, tout renaît et, de ces deux cadavres, le premier aujourd'hui réapparaît sur ses décombres ; le second, de son faible souffle, revient à la vie.

Village populeux et florissant sous la protection d'un fort, à l'abri d'une redoute établie sur la montagne dite de Louis XIV, Hendaye se vit, un matin de l'année 1793, assaillie par la mitraille de Fontarabie, et, sans avoir le temps de songer à la défense, elle écroula pour ne plus se relever.

La revanche fut belle quand, un an plus tard, sa rivale qui comptait une garnison de 800 hommes, 50 bouches à feu, protégée par d'immenses remparts et des fossés profonds, outre une forteresse du côté de la mer, du côté des terres une redoute formidable et l'abri des montagnes, fut impuissante à repousser 300 Français sous les ordres du capitaine Lamarque (depuis général) et du représentant Garreau auxquels elle ouvrit humblement ses portes.

C'est qu'aussi le bombardement avait été terrible ! Ses traces sillonnent les hautes murailles de la place, les maisons, les palais (1) et surtout celui dont les quatre murs restent seuls aujourd'hui, qui montre dans la rue principale sa face orgueilleuse encore de nombreuses sculptures.

Sous ses fenêtres brisées, béantes, ouvertes à tous les vents, maintes sérénades, aux accords de la guitare discrète et douce, implorèrent sans doute, dans un âge fortuné, le ciel des Espagnes, si propice aux amants ; et, de la *cortina* (2) mystérieuse, dut y répondre plus d'un soupir d'amour.

Dans ces vastes salons délabrés, jadis si fastueux, se pressait au *bolero* cadencé par les castagnettes joyeuses, une foule aristocratique resplendissante des plus riches costumes.

Ces rues silencieuses virent aussi défiler de bril-

---

(1) Nous nous plaçons au point de vue de l'Espagnol.

(2) Grand rideau en dehors du balcon. Il existe là, en outre, des *rejas*, grillages en fer desquels on voit sans être vu ; puis des *miradores*, sortes de cages ou galeries vitrées.

lants cortèges, et seigneurs et princes et rois y accoururent à l'envi ; sur la grande place, le palais royal (1) fut honoré de leur présence ; plus d'un souverain de notre nation même y laissa souvenir.

Des plus modernes, citons le noble vaincu de Pavie, amené là, en mars 1526, de sa tour lugubre que la tendre sympathie des dames madrilègnes et les égards du peuple espagnol n'avaient qu'imparfaitement réjouie, impatient de revoir *le pays où coule la belle Loire* (2), heureux sans doute en ce moment de contempler les rivages si charmants de la Bidassoa, le roi gentilhomme qui aspirait déjà les énivrements de la liberté !

Une barque fixée au milieu du fleuve reçut le monarque captif auquel, de la rive opposée, se joignirent ses fils « ôtagers », et, en vertu du traité de Madrid, l'échange se fit du père contre les enfants.

« Me voici roi de rechef ! » s'écria François Ier en touchant le sol de France ; puis, tout aussitôt un cheval fougueux l'emporta à Bayonne où l'attendaient sa mère et sa cour.

(1) Ou château de *Jeanne la Folle*, dont on attribue la fondation à un roi de Navarre don Sancho Abarca, et la façade à Charles-Quint.

(2) Ecrivait-il de sa prison.

C'est à Fontarabie que fut signé par procuration (2 juin 1660) le mariage officiel de Louis XIV, (1) et ce n'est pas à coup sûr l'un des actes dont elle ait le moins à se glorifier.

Cette ville, assiégée, pillée, brûlée, ruinée par les Romains, les barbares, les Normands, les Anglais, les Français tour à tour, à moitié détruite par les derniers désastres, si délaissée aujourd'hui, est, et par cela même, un spécimen curieux de la cité espagnole au XVIᵉ siècle, tel qu'il faudrait aller au loin dans le royaume pour en retrouver de semblable. La plupart des grands centres ont perdu leur physionomie primitive, leur couleur locale, disent les artistes, leur cachet, selon le langage vulgaire. Partout des constructions récentes à côté des vieux édifices ; partout le caractère des générations jeunes confondu avec les mœurs, les croyances des ancêtres, et, malgré cet assemblage inharmonieux, l'Espagne conserve encore généralement le reflet de ses âges, l'empreinte de ses longs souvenirs historiques, l'héritage, en un mot, intéressant et vrai de bien des siècles.

Aux Celtibères, ses premiers habitants, se sont mêlées les colonisations phéniciennes et grecques, ont

(1) Célébré quelques jours après, comme nous l'avons vu, à St-Jean-de-Luz.

succédé les Carthaginois, les Romains, les Goths, les Maures et les Espagnols de nos jours.

Chaque peuple y a laissé trace de son passage : les monuments sévères des Romains contrastent avec ceux plus élégants, plus hardis, imposants aussi, éminemment religieux des Goths ; les mosquées et les palais des Maures y montrent tout le fini, toute la richesse de leurs détails et l'*Alhambra* semble une merveille réalisée par les fées ; enfin, les souvenirs de Versailles ornent Madrid et les environs, de somptueuses demeures.

L'apparition des Arabes vint surtout modifier le type moral de l'Espagne : l'humeur joyeuse, l'imagination colorée, les aspirations voluptueuses des peuples d'Orient, donnèrent l'élan aux allures sérieuses et froides des hommes du Nord. Puis, les luttes de la conquête engendrèrent cet esprit chevaleresque qui, dans la suite, s'éleva peut-être jusqu'à l'extrême, frondé aussi dans un chef-d'œuvre (1), mais dont tout Espagnol, de nos jours encore, conserve ostensiblement l'heureuse influence.

C'est que l'effet avait été profond.

Ce n'est plus l'histoire, mais le roman, il semble, qui nous dit ces sièges et ces combats du moyen âge,

(1) Le Don Quichotte de Cervantes.

où s'illustrèrent tant de valeureux capitaines, parmi lesquels le Cid et Gonzalve de Cordoue; c'est lui surtout qui nous raconte ces défis, ces carrousels et ces tournois, dont les ennemis variaient leurs attaques.

La femme, de son côté, libre sur la terre d'Europe de la captivité du harem, déployait toute la puissance de ses charmes et devenait une pensée chère au guerrier dont elle adoucissait les mœurs en stimulant sa vaillance. Ce culte à la femme, rendu par la grâce bien plus encore que par la force, inspira ce code de la galanterie formulé par les emblèmes et la poésie, ces élans prodigieux de l'intelligence, — éléments d'une civilisation qui rayonna sur toute l'Espagne pendant des siècles où le monde chrétien était, ailleurs, enseveli dans les ténèbres de l'ignorance.

Après la défaite et la dépossession des Maures, les réactions politiques et religieuses, en soufflant la discorde, en allumant les bûchers, dissipèrent tant de bienfaits.

Dégagée plus tard de ces étreintes ardentes, la nation reprit ses nobles instincts et s'illumina de tout son éclat sous le règne glorieux, fortuné, de Charles-Quint, roi politique et guerrier, digne émule de François Ier, comme lui entouré des prestiges d'une cour brillante et de talents sans nombre; potentat dont la puissance fut telle, a dit un historien, que le soleil ne cessait jamais d'éclairer ses États ; âme exaltée aussi qui alla ensevelir dans un monastère la gloire de sa double couronne, et préluda lui-même au glas funèbre de sa mort ! (1)

L'Espagne, relevée par le succès de ses armes, grandie de vastes conquêtes, avivée de la renaissance des lettres, des sciences et des arts, du développement aussi de l'industrie, riche surtout de l'or du Mexique et du Pérou, vit à cette époque son extrême splendeur qui rayonna encore sur l'avènement de Philippe II, mais se ternit bientôt sous la fumée sanglante de l'auto-da-fé, plus tard s'effaça par l'appauvrissement de la population et du commerce affolés aux vertiges du Nouveau-Monde, et s'éteignit enfin par la destruction de la flotte, l'*Invincible-Armada*, puis l'échec terrible de Rocroy.

Trop longtemps en butte à des dissensions civiles, le peuple espagnol participe aujourd'hui aux bienfaits de la paix, d'institutions stables et d'un gouvernement constitutionnel ; il accepte avec empressement les nouvelles voies de communication qui doivent développer les immenses ressources de son territoire, et

(1) On sait que, quelque temps avant sa fin, il voulut qu'on célébrât sous ses yeux ses propres funérailles.

nul doute qu'avec de tels appuis, il ne conserve à tout jamais son rang élevé parmi les nations.

O vous dont l'oreille est attentive et impressionnable aux échos du passé, qui aimez à grandir votre vie des temps rénovés par l'histoire, vous avez compris cette évocation et nous la pardonnez.

Elle se rattache, d'ailleurs, à notre sujet.

En effet, quand l'imagination, après avoir erré dans des régions lointaines, vient se reposer sur la pierre mutilée du présent, elle y trouve un reflet de son rêve dans ces empreintes qui semblent des annales nobiliaires léguées aux générations futures, car, de tous côtés, s'étalent armoiries, trophées, chiffres, médaillons, que la ville conserve avec religion.

Elle est fière surtout de son blason à elle : rien, il est vrai, n'est plus joli, rien n'est plus riche ; l'allégorie y est complète et ingénieuse à ravir ; là est l'histoire de la cité, sa topographie, ses mœurs, sa physionomie tout entière.

Le voici :

Divisé en quatre parties, la première représente, sur champ d'or, un ange tenant une clef de la main droite ; la seconde, sur champ d'argent, un lion rampant ; la troisième, sur fond ondé-vert, un navire envergué et, au-dessous, une baleine harponnée : la quatrième, même fond, une sirène avec un miroir dans la main gauche, puis un triton, une grenade dans la main droite. Au milieu, et dans un petit écu, ressort d'un fond ondé-azur, un château d'argent surmonté de deux étoiles.

On y lit, en outre, l'inscription suivante :

M. N. M. L. Y. M. Valerosa ciudad de Fuenterrabia.

(*Très-noble, très-fidèle et très-valeureuse ville de Fonta-rabie.*)

Pour couronnement, la Vierge de *Guadalupe*, patronne de la ville.

L'exergue semble expliquer l'écusson dont quelques aperçus néanmoins sont laissés à l'appréciation du curieux ; c'est à ce titre que nous nous permettons d'ajouter ici :

L'ange protége la ville essentiellement religieuse, et frontière comme l'indique la clef. Le lion symbolise la force ; rampant, il dit son amour pour la paix. Le navire envergué et les ondes attestent le caractère maritime de la cité ; la baleine, la nature de son industrie (1). La sirène est une galanterie à l'adresse des femmes si jolies de cette contrée, assez coquettes, il

---

(1) Dans les mêmes conditions que les villes du littoral citées déjà, Fontarabie participait aux richesses du golfe à l'époque où ce poisson y abondait. La pêche est encore aujourd'hui sa plus grande ou plutôt son unique ressource.

paraît, pour se complaire dans l'admiration de leurs charmes, comme l'accuse un peu malicieusement le miroir. Le triton rappelle un dieu de la mer et la grenade qu'il présente de la main droite, confirme sa puissance guerrière. Le château d'argent figure la place forte et opulente qui se dresse en plein ciel, au bord de l'Océan, annonçant sa présence au nautonnier par les phares du rivage qui brillent dans les deux étoiles.

A qui cette interprétation ne suffirait pas, libre de la refaire à son gré.

Partout s'offrent des vestiges rappelant l'éclat du nom espagnol, et, à leur vue, on se prend à dire : tout le monde ici était donc grand seigneur autrefois ? Oui, sans doute, répondraient volontiers, je crois, ceux qui restent aujourd'hui et semblent n'exister là que pour garder les débris de cette grandeur passée.

Il est intéressant, vraiment, de voir réunis, un jour de dimanche, dans leur vaste cathédrale, monument du xve siècle, ces quelques hommes descendants de la noble race ! et ces femmes belles et fières comme des Espagnoles, (1) mais humbles comme des chrétiennes, agenouillées sur leurs nattes, se signant d'une main et

(1) Race qui résume les éléments de trois types si remar-- quables : le Romain, le Goth et l'Arabe.

le visage et la poitrine, de l'autre faisant jouer avec une grâce qui n'appartient qu'à elles, leur brillant éventail !

Non moins curieux peut-être de les apercevoir, au retour de l'église, ces *Señoras* du Guipuzcoa, sur leur balcon, l'œil malin vous dardant ses feux et la chevelure, que ne recouvre plus en ce moment la jolie mantille, vous éblouissant de son merveilleux éclat!

Que la *Gitana*, de sa voix retentissante, accompagnée de la mandoline, vienne dans cette rue sombre, solitaire, à évoquer l'âme de la cité-sépulcre, et l'illusion sera complète. . . . .
. . . .

La première pierre de ces décombres, si elle se retrouvait, porterait sans doute la date de l'une des plus antiques cités d'Europe : l'origine de Fontarabie (1) remonte, dit-on, au temps des Goths. Le roi Recared la fonda, et Wamba l'a fortifiée.

Fontarabie, bâtie en amphithéâtre sur une colline qui fait face à la mer, à l'angle sud du golfe de Gasco-

---

(1) Son nom dérive du latin *fons rapidus*, en espagnol *fuente rabia*, c'est-à-dire fleuve rapide. A l'époque où la Bidassoa coulait avec force, son lit n'étant pas ensablé comme de nos jours.

L'appellation primitive de cette ville était *Oeaso*.

gne, était jadis la résidence du capitaine-général de la province du Guipuzcoa.

Donnons, en partant, un regret à cette lutte fratricide qui a jeté bas deux villes si prospères, membres de deux nations sœurs de race latine. — Terrible exemple de l'impuissance où se débat l'humanité contre une loi de nature.

Car, c'est en vain, princes et rois, empereurs, monarques et potentats à tous les degrés, que, dans votre sollicitude pour vos peuples, vous multipliez les congrès, signez les traités, fêtez les alliances ; publicistes et philosophes, philantropes de toutes les écoles, c'est en vain aussi que vos écrits, vos thèses et vos vœux instruisent le monde.

Tout cet échafaudage doit fatalement s'écrouler sous un vers de Lafontaine :

« La raison du plus fort est toujours la meilleure. »

Quelques mètres de rails jetés sur la rivière, en rapprochant les deux cités dans un intérêt commun, cimenteront, hélas! une fraternité bien autrement durable que ne le feraient les efforts des plus puissants.

Voyez les deux rivales qui déjà se tendent la main, et s'entr'aident à se relever de leurs ruines..... (1)

_____

(1) Les travaux du chemin de fer sont fort avancés des deux côtés.

A la sortie de Fontarabie, on laisse sur la droite la montagne *Jaizquivel*, dominant la ville.

Sa vue me rappelle un souvenir que je serai heureux de vous raconter, cher voyageur. Mon récit se fera tout en cheminant ; de cette façon, point de temps perdu.

C'était le 8 septembre, jour de la Nativité de la Vierge, il y a quelques années de ça (car je suis vieux routier ici), en promenade avec quelques amis dans la cité antique, nous flânions en devisant à travers ses rues tristement historiées, lorsqu'un murmure, faible d'abord, réveille le fantôme séculaire, qui peu à peu s'anime, bientôt s'agite et bruit, puis se répand en clameurs, en flots nombreux et pressés. Des maisons sortent les habitants ; des communes voisines accourent les peuplades ; les groupes se forment, se massent, les visages se colorent, les bras gesticulent, les têtes se dressent, et les épaules sont armées d'énormes carabines.

Quel soufflé guerrier ravive donc ces décombres, produit au jour ces faces si rares en tous temps ?

Nous croyons à une résurrection, et notre curiosité se traduit par une question spontanée chez chacun de nous, bien naturelle aussi : contre qui cette prise d'armes, ces cris, ces élans batailleurs ?

Une guerre civile ? Nulle apparence. — Un assaut

7

contre la cité voisine ? Elle est bas depuis longtemps, la pauvre Hendaye.

Contre qui donc ?

Notre impatience n'a trève qu'aux portes de l'église où nous avions suivi les groupes, d'où bientôt nous les voyons sortir avec un air radouci par l'onction de la prière.

Nous comprenons : il s'agissait d'une procession.

Sapeurs en tête, l'air martial, imposant, exhibent leurs monstrueux bonnets recouverts de peaux de mouton blanches sans apprêt aucun ; leurs visages sont ornementés de barbes de chèvre et leurs corps ceints de tabliers en cuir de bœuf, brut, ce qu'il y a de plus brut.

Il nous semble voir en eux ces Ibères farouches, leurs ancêtres, dont l'aspect jadis fit reculer les plus audacieux conquérants. — La carabine qu'ils portaient en guise de hache, contrariait bien un peu notre évocation historique, mais la surprise était telle, que nous passions outre l'anachronisme.

Un ra et un fla des plus corrects et des mieux nourris annonçaient les tambours procédant avec la grâce qui caractérise tout être humain, une pareille vessie sur l'abdomen.

La tête haute, les joues gonflées, l'œil ardent, les narines ouvertes, soufflaient à pleins poumons les musiciens de Fontarabie, de Leso, d'Irun et autres lieux environnants. — La phalange était nombreuse, comme vous voyez ; tout autant qu'à Jéricho.

Suivait — et ceci devient plus grave — le commandant des *carabineros* (douaniers), en grande tenue et à cheval, dirigeant une milice volontaire, composée de corporations diverses : les jeunes gens, proprement dits, de la ville, les jardiniers ou maraîchers, puis les marins du quartier des pêcheurs, la *Sardinière*, très-coquets en leur tenue : chemise rouge, pantalon de coton bleu, espartilles et béret rouge ; enfin, les matelots formant l'équipage de la trincadoure — garde-côte, habillés de jaquettes bleues, pantalons rouges, chapeaux cirés.

Le clergé venait ensuite.

Puis, l'*alcalde*, accompagné de son adjoint ; tous deux en costume : frac noir, chapeau à claque et à plume, une baguette en main, comme marque de leur dignité.

L'*ayuntamiento* (conseil municipal) déployait à la suite ses amples manteaux de drap bleu.

La foule des fidèles fermait la marche.

Des détonations effroyables alternaient avec les chants religieux, et elles se renouvelaient fréquemment, habiles qu'étaient ces tirailleurs à charger leurs fusils avec prestesse et sans jamais rompre le pas.

—S'ils traitent leurs ennemis comme des saints, il n'y fait pas bon ; ce sont , en effet, des *guerrilleros* (1) intrépides.

Cette file, longue et serrée, escalade avec aisance, (2) mais toujours processionnellement, le mont Jaizquivel, et s'arrête à son sommet pour y demander aide à Notre-Dame de Guadalupe qui, du haut de la chapelle, veille sur sa protégée.

Le même ordre que devant s'observe au retour, et après une excursion de trois heures dont les deux tiers au moins pour l'ascension et la descente, le clergé, ainsi escorté, rentre à la cathédrale.

La force armée accompagne à l'hôtel de ville son drapeau qu'elle salue, comme adieu, d'un feu de peloton exécuté avec une précision qui ferait honneur à nos meilleurs régiments.

La cérémonie close, chacun devient libre et, il faut bien le dire, le profane succède au sacré. Après libations nécessitées sans doute par de telles manœuvres, c'est à qui regagnera au plus vite et à la débandade, le mont vénéré, offrant alors le tableau d'un assaut en règle : clairons, fifres et trompettes sonnent la char-

---

(1) Hommes faisant partie des bandes dites *guerrillas*.

(2) Nous sommes au Pays Basque et , ici comme en France, les jarrets y sont d'acier — le mot est proverbial.

ge, les tambours la battent et les envahisseurs, par cen-
taines, grimpent au plus court ; les cantinières n'y
manquent pas, je vous assure, et elles sont des plus
osées.

Sans reprendre haleine (ici les poumons sont des
soufflets de forge), on se met en danse et, dans une
salle spéciale, tout le reste du jour et toute la nuit,
comme tout le jour et toute la nuit qui ont précédé,
comme ceux qui doivent suivre le lendemain, (car la
fête dure trois jours) la bande joyeuse s'agite des
pieds et des mains, chante, rit, crie, festoie sans
trève ni merci.....

Voilà comme le Basque ici, de même que de l'autre
côté des monts, comprend la vie.

Ce récit a été des plus véridiques, je le jure, et
n'en retrancherais un poil de la barbe des sapeurs.

Maintenant, ami, outre certains accoutrements inconnus chez nous, n'avez-vous point remarqué une
singularité des plus bizarres, ce bâton blanc, par
exemple, que portait M. le Maire ? Que pouvait-il
donc signifier ? Oh ! sa portée est grande et je vais,
le plus brièvement possible, vous la faire mesurer.

Insoumises aux armes des Sarrasins (or, je suis
obligé de remonter jusque-là, mais vous faisant grâce
de Pélage, ce prince du sang des rois Goths qui, re-
foulé dans les montagnes avec ses Goths-Espagnols

par les généraux d'Abdérame, s'en fut, de ses sauvages retraites, combattre les Maures, les repoussa et fit libres les Asturies, la Biscaye, ainsi que tout le pays des Cantabres, ce restaurateur de la liberté d'Espagne, dont les capitaines ensuite, dans leur marche victorieuse, fondèrent les royaumes de Castille, de Navarre, d'Aragon, etc., et vinrent clore si glorieusement cette série d'exploits par la prise de Grenade, la dernière étape au pas rétrograde des Musulmans), les trois provinces de Guipuzcoa, Biscaye et Alava (qui forment un triangle dont le côté septentrional est baigné par le golfe de Gascogne, les deux autres sont bornés par la Navarre et la Vieille-Castille) ne reconnurent jamais la souveraineté des rois de Castille dont elles acceptèrent seulement la *seigneurie*, en échange du titre pour elles de *muy nobles, muy leales* (très-nobles et très-loyales).

Dès l'origine, groupé sous un étendard qui portait trois mains jointes avec cette devise : *Irurak-Bat*, (les trois n'en font qu'une), le peuple de cette contrée est resté indépendant de tout pouvoir, chaque province discutant ses intérêts généraux dans des *juntes* (assemblées où chaque commune a sa voix) et formant un gouvernement distinct qui protège en souverain ses *fueros*, c'est-à-dire ses lois, franchises et priviléges de date immémoriale. Isabelle et Ferdinand avaient solennellement juré de les respecter et défendre; ils furent plus tard régulièrement rédigés et publiés.

En vertu d'iceux, les provinces Vascongades n'avaient point de sujets à fournir au recrutement des armées, ne payaient point d'impôts, se réservant la faculté de dons volontaires à la couronne; elles échappaient pour chacun de leurs sujets, et n'importe dans quelle partie du royaume, à toute juridiction autre que la coutume natale.

Le Vascon parlait debout et couvert aux rois eux-mêmes; aussi, Philippe II finit-il par les anoblir en masse.

A part quelques modifications, les Basques jouissent à présent des mêmes avantages qu'autrefois, et ces sages républicains sont, à bon droit, jaloux de les conserver, de les défendre contre les velléités du régime constitutionnel, à leurs yeux beaucoup moins populaire.

Quant à la Navarre, elle se composait jadis d'Etats obéissant à un conseil suprême qu'elle nommait elle-même, et ses priviléges étaient nombreux; elle en conserve beaucoup encore. Antérieurement à nos jours aussi, réunie à la Navarre française, elle n'a formé qu'un seul pays comprenant les deux versants des Pyrénées, mais ce sujet nous entraînerait hors de nos limites.

Comprenez-vous maintenant de quelle autorité est muni le chef d'une commune se gouvernant pour ainsi dire elle-même et dépourvue de toute force armée à ses ordres. Le pouvoir, formé par la raison et l'intérêt de tous, se résume dans une seule main à qui il suffit, pour obtenir obéissance, de présenter sa baguette, la *vara*. A sa vue, une émeute se dissipe ; le malfaiteur qui en est touché se soumet à l'instant. — Emblème d'une simplicité incroyable qui rappelle chez ses adeptes la vigueur morale des temps anciens et vient ajouter un trait à cette physionomie si féconde en observations pour le philosophe de nos jours.

Spectacle étrange, en vérité, que celui de ce peuple stationnaire au milieu des mouvements de la civilisation, indifférent à tout au dehors, compacte au pied de ces monts pyrénéens, immuables comme lui, dont la figure retrace un type inaltérable, dont les mœurs reflètent un âge tout de poésie, dont le passé appartient à l'une des pages les plus belles de l'histoire !

Ce groupe, qu'on l'appelle *Ibérien, Cantabre* (1) *Vascon, Escualdunais* ou *Basque* (2), semble un spé-

(1) *Khanta-ber*, bons chanteurs— étymologie parfaitement justifiée.

(2) *Basac-hos, Bascos,* gens sauvages ou montagnards.

cimen des siècles passés, posé aux confins occidentaux de l'Europe, dont l'un des regards se tourne vers l'antique Ibérie et l'autre vers l'ancienne Gaule.

Ces réflexions nous ont fait oublier le parcours, peu long d'ailleurs, de Fontarabie à Irun ; c'est dommage assurément, car la route qui se dessine à travers la prairie, non loin de la Bidassoa, en vue des montagnes, est charmante. Nous aurions pu remarquer, outre de fort belles plantations, la fertilité de champs auxquels donnent les plus grands soins les habitants, généralement agriculteurs, quand ils ne sont pas occupés aux établissements métallurgiques fort nombreux dans le Guipuzcoa, l'une des plus riches provinces d'Espagne, où l'on compte nombre de forges et fonderies, parmi lesquelles des manufactures d'armes à feu, notamment celle d'Eybar, qui a toujours joui d'une réputation universelle.

On rencontre, en outre, dans cette région basque, des fabriques de papiers peints, de toiles de lin et de coton, de drap, de marbrerie, une assez grande quantité de papeteries, corderies et tanneries.

On comprend quel bienfait doit être ici une voie ferrée, comme pour toutes autres parties de l'Espagne d'ailleurs, surtout si l'on y combine l'ouverture de chemins vicinaux.

Mais, combien est arriéré de l'Angleterre, l'Allemagne, la Belgique et la France, ce pays où, jusqu'à présent, les moyens de communication étaient tels que le plus riche n'y faisait pas cent lieues à moins de quatre jours et 150 fr. de dépense, tandis que, chez nous, le pauvre lui-même les parcourait en quarante heures et moyennant 35 fr. dans une voiture commode.

Quant aux débouchés pour le commerce et l'industrie, cette innovation est incalculable.

Au point de vue de la stratégie, Dieu veuille que nos voisins n'aient jamais à en profiter !

Mais, nous voici à Irun.

Si votre appétit est au niveau du mien, cher compagnon, nous songerons avant tout à la découverte d'un hôtel (*fonda, posada*, comme il vous plaira (1) où l'on offrira sans doute à notre choix la nourriture soit française, soit espagnole.

Celle-ci n'aurait à nous exhiber que son *puchero* (composé de choux et de bouilli), ses *garbanzos* (gros pois que vous connaissez déjà), son *chorizo* (espèce de saucisse épicée de safran et de piment), puis son délicieux pain de froment le plus pur, dont la mie est blanche et serrée, la croûte lisse et dorée.

---

(1) *Fonda* est l'hôtel, proprement dit, et la *posada* l'hôtellerie, l'auberge.

Quant au vin, de provenance navarraise, il est peu fin et sent fort le *pellejo* (outre dans laquelle il a été apporté). De plus, l'huile, d'un goût assez prononcé, quoique de bonne qualité, entre dans la composition de toutes sauces et fait de cette cuisine une spécialité.

Vous aviserez donc.

En tout cas, le hasard nous a favorisés dans la disposition du local, car des fenêtres de la salle à manger nous apercevons les montagnes au bout du *patio* (cour); nous sommes en pleines Pyrénées, entre les monts *Olearson* et la chaîne de l'*Aya*.

Combien leur masse impressionne! et comme, après avoir élevé l'âme, ces montagnes intriguent l'esprit!

Quelle est leur cause? quel est leur but?

Géants vis-à-vis de nous pygmées, elles n'ont pourtant qu'un développement relatif si, comme on le dit, elles ne ressortent pas plus du globe terrestre que les rugosités n'apparaissent sur la peau d'une orange.

Maintenant, qu'elles aient été vomies d'une éruption volcanique, formées par les eaux, ou qu'elles soient de création primitive, au temps sans doute où la terre se métamorphosa, selon les géologues, et accomplit ses phases successives : d'ignée ou gazeuse devint liquide, de liquide devint solide, subissant même, dans cette dernière transformation, de nouveaux chan-

gements qui l'ont faite enfin ce que nous la voyons
aujourd'hui ; que , selon d'autres, ces soulèvements,
comme les affaissements corrélatifs, aient été l'objet
d'un travail lent et postérieur, faisant partie du mé-
canisme de la nature en vue de la configuration actuelle de la surface sphérique, qu'importe !

Quant à leur raison d'être, qu'importe encore !

Fouillons leurs entrailles et profitons de mines
opulentes et multiples ; ornons, autant que possible,
leur revêtement de cultures et de plantations ; jouis-
sons à loisir de leurs aspects merveilleux , mais sans
nous occuper plus ici, croyez-moi, de recherches bonnes à peine dans le cabinet d'un savant.

— Qu'apercevons-nous donc sur le sommet de l'un
des pics les plus rapprochés, celui-là même qui nous
fait face ?

—Il m'en souvient, et je vais vous le dire tous bas,
de peur que l'Espagnol ne vous le crie tout haut : c'est
un monument commémoratif d'une victoire remportée
par cette nation sur la nôtre, l'an 1522, et le jour de St-
Martial, d'où l'ermitage a pris le nom : *San Marcial.*

N'en soyez humilié que médiocrement : chaque pensée se traduit en Espagne par un *ex-voto ;* les chapelles
dédicatoires, les cloîtres, couvents et monastères y abon-
dent, les églises et cathédrales s'y montrent nombreuses et brillantes : c'est qu'aussi le caractère des habi-

tants est éminemment religieux et que le clergé forme une partie notable de la population.

Vous convient-il d'avoir un aperçu de son importance, écoutez :

D'après une statistique récente (1859), il se divise ainsi :

Clergé des cathédrales................ 2,297
     —   collégial 563
     —   paroissial... 32,289
     —   régulier............. 3,414

Total.................. 38,563

Outre les prêtres attachés à l'armée, dont l'énumération n'est pas faite, et les chapelains, sacristains, organistes, chantres, qui ne se comptent pas à moins de 2,000.

Le nombre des religieuses est de 12,990, et leurs couvents s'élèvent au chiffre de 866.

Mais ces évaluations sont bien inférieures à celles faites en 1833, époque à laquelle il y avait 1,834 maisons religieuses, contenant à elles seules 31,279 profès, répartis entre 37 ordres ; tandis qu'en 1859, le total des maisons n'était plus que de 41, celui des profès de 719 et celui des ordres de 8.

Nous n'avons point à apprécier ici les causes de cette différence, et notre relevé n'a eu pour but que d'expliquer à l'étranger la présence d'une quantité d'édifices religieux, le plus souvent privés de leurs hôtes. Sur la route que nous venons de quitter, par exemple, se rencontrent un couvent de capucins inhabité et une chapelle entretenue par la dévotion des fidèles.

Pour suivre le cours de nos idées, allons visiter l'église d'Irun.

Edifiée au commencement du XVIe siècle, elle a été agrandie, ornée, en 1647, par un architecte habile, Barnabe Cordero, et un sculpteur célèbre, Juan Bascardo; le goût espagnol s'y révèle sensuel et poétique, par une foule de sculptures et enluminures ; l'or s'y étale à profusion, on remarque l'autel principal comme objet d'art, et des galeries parcourent la nef. C'est la physionomie qui nous a frappé déjà, plus apparente qu'au pays basque français, caractérisée comme à Fontarabie.

Je dois vous prévenir qu'en visite dans les églises ici, vons avez à tenir votre bourse constamment ouverte.

Car, moyennant salaire, faible d'ailleurs et toujours facultatif, il vous sera loisible de contempler saints et saintes renfermés dans leurs niches dont le rideau s'ouvrira devant votre piécette.

C'est ainsi que vous pouvez voir en ce moment la patronne de céans, *Nuestra Señora del Juncal*

(Notre-Dame du Marais), vierge sculptée en bois, un enfant dans les bras.

Ce groupe fut trouvé dans un marécage assez peu distant de l'ancien édifice, lequel, devenu trop petit en raison du nombre croissant des fidèles, on songeait alors à reconstruire.

Dans cet édifice, fut déposée la relique.

La nuit qui suivit sa translation, les matériaux jonchant déjà les abords du vieux monument, se trouvèrent, en partie et d'eux-mêmes, reportés sur le lieu de la trouvaille où sans doute avait eu puissance de les transférer la sainte, désireuse de voir élevée la nouvelle église sur le terrain qui lui avait fait longtemps séjour.

Comme ce déplacement, il paraît, n'avait pu s'effectuer d'un seul trait, il se renouvela à plusieurs reprises et toujours nuitamment.

Un curieux, impatient de vérifier le fait, se mit aux aguets et mal lui en prit, car tombé aveugle incontinent, il ne recouvra la vue qu'à l'aide d'humbles excuses et ferventes prières à la Vierge.

De tels prodiges témoignaient trop bien d'une volonté suprême pour qu'il n'en fût pas tenu compte, et l'on se mit aussitôt à l'œuvre.

L'église actuelle a été dès lors un pèlerinage vénéré des navigateurs, à cause sans doute du voisinage de la

Bidassoa, et surtout des malades, infirmes, etc., en souvenir de la disparition de miasmes qu'avait engendrés autrefois ce sol méphitique, assaini, comblé pour le besoin de la réédification.

Or, c'était là, assurément, le plus grand bienfait du miracle.

La légende, vous le voyez, trouve ici faveur, tout autant que chez nos Eskualdunais.

Du clocher, l'on jouit d'une perspective admirable, et je veux, lecteur, vous en laisser la surprise.

Un avis seulement :

Ayez garde de vous oublier dans la contemplation du panorama, car au pied de la tour veillent de malicieux gaillards qui auront grande joie à vous faire noise.

Puisse l'exemple de votre très-humble narrateur vous servir au besoin.

C'était un jour de dimanche, j'étais en passage à Irun et, désireux d'y entendre la messe, je cherchais le chemin qui conduit aux galeries réservées aux hommes, quand je me trouve au plus haut perché, en compagnie des cloches : je m'étais tout simplement trompé d'escalier.

Un coup d'œil trop prolongé peut-être (je l'avoue à ma honte) donné au spectacle du dehors, quelle ne fut pas ma surprise, en descendant, de trouver porte close! J'entends des voix qui chuchotent, des rires étouffés qui se raillent; je comprends alors: j'avais été victime d'une mystification ; des curieux qui m'avaient vu entrer, s'étaient réservé le plaisir de me traquer ainsi.

Le dépit me fait remonter les marches quatre à quatre ; furieux, j'empoigne le battant de la cloche la plus grosse et fais un carillon épouvantable, à ébranler l'édifice.

La scène jouée à toutes volées, je redescends et trouve le passage parfaitement libre entre des rieurs qui, je vous l'assure, cette fois étaient bien de mon côté.

La foule sortait de l'église, effarée, bruyante : un incendie terrible dévorait la ville ; chacun déjà voyait son gîte brûler et sentait s'il n'était pas lui-même atteint par les flammes.

Je tranquillise les plus effrayés en leur racontant que le feu n'a jamais été que dans ma tête et le tocsin au bout de mes doigts.

Puis, je file à mes affaires, c'est-à-dire à mes loisirs.

Voilà comme, à défaut d'autre moyen, il est bon parfois de recourir à l'audace.

Ceci est la morale.

Mais ressort, en outre, de cette histoire, un principe dont il est bon de se souvenir à l'occasion, le voici :

Comme l'enseigne la chanson de Marlborough, si l'on veut voir loin, il faut monter haut; or, le point culminant dans tout pays, c'est en général le clocher.

Vous pouvez me répondre que *Henri IV est sur le Pont-Neuf.*

Il me vient un scrupule : n'allez pas augurer de mon aventure que le caractère de l'Espagnol soit difficile et fâcheux. Loin de là : s'il se montre parfois, sur ces bords voisins de France, d'une jovialité contrastant avec la gravité castillane ou le flegme andalou, disons que le fond en est partout généralement bon.

Bien nous a pris de causer tout en marchant, car l'anecdote a été longue et nous eussions gaspillé un temps précieux : l'heure actuellement nous presse.

Patience, nous voici sur la grande place où aboutissent, de toutes parts, des rues dont la physionomie rappelle assez le style espagnol.

Là est toute la ville : ses plus belles maisons et surtout sa municipalité (l'*ayuntamiento*), hôtel fort beau, ma foi, très-vaste et d'un style imposant.

Elle le mérite bien :

Irun, (1) d'abord, a l'honneur d'une grande ancien-

(1) Dans l'origine Uranzu ou Iranzu, Irun, selon les uns,

neté. Sa fondation même est inconnue ; seulement,
des pierres et des tuiles portant une empreinte ro-
maine, trouvées vers la fin du siècle dernier à ses
abords, quelques médailles aussi, rattachent cette cité
à la colonie de Saragosse. L'une de ces médailles, à
l'effigie de : *Imperator Augustus, Trib. Potes XX*,
reporte sa date à l'année vingtième de la puissance
tribunitienne de César-Auguste.

Il en est parlé pour la première fois, dans une charte
octroyée le 18 avril 1203, par le roi D. Alonso III, à
Fontarabie dont relevait alors Irun.

Elle paraît, du reste, se préoccuper assez peu aujourd'hui de ses titres originaires. Passage frontière,
bureau de douanes important, elle vit surtout de son
siècle et, à part ses quatre mille habitants, elle s'anime
d'une population flottante qui laisse trace de ses pas
en développant un commerce dont la ville s'enrichit.
Aussi, vive, alerte, l'a-t on vue jusqu'à ce jour toute
jubilante et empressée à tout venant.

Nous lui disons adieu, saluant en elle la terre hospi-
talière d'Espagne.

———

signifie *bon lieu*; selon les autres, composé de deux mots
basques *hiri*, ville, et *ur*, eau, il doit s'interpréter par
ville d'eau, allusion sans doute au voisinage du fleuve.

L'étymologie s'explique des deux manières.

La distance d'Irun à la Bidassoa est une agréable promenade qui offre, outre la variété du parcours, quelques teintes fort originales, quoique à demi-effacées par le temps, et le tableau tout entier lui-même est destiné sans doute à ne devenir bientôt qu'une toile pâle et déserte.

Aujourd'hui encore, on y voit à intervalles des physionomies que le tracé du chemin de fer rayera de ce côté en leur retirant, d'ailleurs, toute raison d'être ;

Par exemple :

Le muletier marche gravement la tête ceinte d'un mouchoir en guise de turban ; sa veste est courte et la culotte idem ; ses bas craquent sous la pression de mollets dessinés vigoureusement au-dessus d'un pied qui se perd dans des espartilles. Il est précédé de ses 20 ou 30 mules affublées de rubans et de franges, de bouffettes et de pompons, une charge de marchandises sur le dos ; la dernière porte à la queue une sonnette comme signal de la troupe. Il se drape, l'Aragonais, de la couverture bariolée, en assez piteux état parfois, de l'une de ses haquenées, et son air est fier, majestueux.

La *Pasiega*, plus humble, les cheveux tombant en double tresse jusqu'aux reins et au delà, attifée de vêtements à mille pièces et mille couleurs, porte sur le dos une hotte de 30 ou 40 kilos, remplie de vieux chiffons qu'elle est venue chercher à Bayonne pour les utiliser en Espagne. Le dernier compartiment de cette corbeille est d'habitude réservé à un gros bébé que, de temps à autre, la bonne mère fait passer de la couche à son sein. Autrement, elle charme les loisirs de sa route en cousant ses nippes sous forme de jupon.

Les *Galeras*, traînées par des mules, sont des véhicules de forme exceptionnelle, en rapport avec les difficultés du chemin et la nature de la charge. Les roues en sont fortes, l'essieu énorme, le brancard solide. La partie qui reçoit les marchandises se compose de cordages en sparte (1), dont la flexibilité préserve contre les cahots des outres remplies de vin (de Navarre habituellement). La toiture du chariot consiste en roseaux recouverts d'une toile ; les bas-côtés à claire-voie sont protégés par des nattes dont le contact est le plus doux possible.

Quant au contrebandier, dont la vue vous affriande, je le devine, touriste (aussi l'ai-je gardé pour le dernier), eh bien !... l'abaissement des tarifs lui a cassé les jambes, et il est resté en Espagne, où il fait des siennes comme il peut.

(1) D'un usage très-fréquent en Espagne, que nous avons vu déjà employé pour la chaussure.

Le pont de la Bidassoa relie les deux routes d'Espagne et de France. Au milieu s'élèvent, comme délimitation, deux colonnes en fonte, surmontées des insignes de chaque nation ; aux bouts flottent deux drapeaux et se tiennent au port d'armes, mais pour la forme seulement, des sentinelles d'humeur plus courtoise que belliqueuse, car d'ici elles voient écrite, en lignes de fer, la paix durable entre les deux peuples.

Franchissons donc hardiment et sans même nous préoccuper d'une formalité naguère assez ennuyeuse : — *Il n'y a plus de Pyrénées*, (1) s'écria-t-on, voilà deux siècles et en un jour de concorde ! — *Plus de passeports*, répète-t-on, aujourd'hui que tous les hommes sont bons !

Impatients d'un repos inutile, car ils sont de race arabe, comme tous ceux de ce pays-ci, et l'espace les anime, voilà nos chevaux qui nous attendent, qui trépignent et qui piaffent.

D'un trait, ils nous emporteront à Biarritz.........

. . . .

(1) Que ce mot soit de Louis XIV, à l'occasion de son mariage ou de l'avénement de son petit-fils au trône voisin ; qu'il ait été dit par un ambassadeur d'Espagne voulant exprimer par cette autre locution : « Les Pyrénées sont fondues, » que le passage était devenu plus facile, — la version, quelle qu'elle soit, n'ôte rien à notre trait.

Maintenant, ami, bonsoir et grand merci de votre aimable compagnie!

Si, demain, l'excursion vous a laissé quelque fatigue, je souhaite que la mer en fasse justice. Et pourquoi non? Le Basque ne vient-il pas, lui aussi, en son jour, demander à un seul bain la santé pour toute une année.... (1)

De quoi s'étonner le plus :

De la foi naïve du Basque?

Ou de la qualité exceptionnelle des eaux?

. . . .

UN PAYSAGISTE.

_____

(1) Le second dimanche de septembre on voit, à Biarritz, arriver de toutes parts, et en foule joyeuse, les Basques de tout sexe, de tout âge, pour se baigner à la plage qui porte leur nom.

Cet usage, dans leur pensée, implique moins une mesure hygiénique qu'un pèlerinage pieux.

Addition à la page 83.

L'Ile des Faisans.

Une noble pensée vient de ressusciter l'île des Faisans en recueillant, pour les reconstruire, ses débris
qui se dessinent aujourd'hui au-dessus des eaux en
un ovale de 150 pas — longueur, sur 30 environ, —
sa plus grande largeur ; en vue et près du pont de la
Bidassoa (voie de terre, — Béhobie à Irun).

Des enrochements protégent le pourtour à plan in-
cliné, et un empierrement qui s'avance, assis sur le
lit du fleuve, en pointe vers les ondes, dans la même
forme que le terrain auquel il se relie par une cou-
pure, sauvegarde, contre le courant de la Bidassoa, les
terres dont la surface est couronnée par une ban-
quette en gazon courant sur les bords de l'île.

De massifs, fleurs et arbustes que mettent en relief
des pelouses élégamment découpées, s'élève un monument commémoratif, du meilleur goût. Il repose
sur un socle profilé de moulures gracieuses, et son
fût présente quatre faces carrées de 2 mètres, surmontées d'un chapiteau composé d'un fronton circu-
laire, à 7 mètres du sommet au sol.

Dans chacune de ces faces, s'encadre une large plaque en marbre blanc.

On y lit,

— Vers la rive française :

EN MÉMOIRE

DES CONFÉRENCES DE MDCLIX

DANS LESQUELLES

LOUIS XIV ET PHILIPPE IV

PAR UNE HEUREUSE ALLIANCE

MIRENT FIN

A UNE LONGUE GUERRE

ENTRE LES DEUX NATIONS

NAPOLÉON III EMPEREUR DES FRANÇAIS

ET

ISABELLE II REINE DES ESPAGNES

ONT RÉTABLI CETTE ILE

L'AN MDCCCLXI

— Vers la rive espagnole :

EN MEMORIA

DE LAS CONFERENCIAS DE MDCLIX

POR LAS CUALES

FELIPE IV Y LUIS XIV

CON UNA FELIZ ALIANZA

PUSIÉRON TÉRMINO

A UNA EMPEÑADA GUERRA

ENTRE SUS DOS NACIONES

RESTAURARON ESTA ISLA
ISABEL II REINA DE LAS ESPAÑAS

Y

NAPOLEON III EMPERADOR DE LOS FRANCESES
EN EL AÑO DE MDCCCLXI

Les deux autres façades portent :

L'une, le millésime de MDCLIX ;
L'autre, celui de MDCCCLXI.

Enfin, un escalier de 15 ou 17 marches, pratiqué de chaque côté, s'offre au rivage de chaque nation pour accéder à cette propriété mixte, au milieu de la rivière séparatrice des Etats. (1)

Un paysage charmant, de toutes parts enserré par les montagnes, — bien que la voix de l'Océan, à quelques pas, annonce l'infini.... — accompagne les détails ici racontés comme l'heureuse consécration d'une amitié que, de nos jours, cimentent surtout et le cœur et l'intérêt des deux peuples !

---

(1) Ces travaux, entrepris à frais communs, ont coûté, il paraît, savoir : les terrassements, 20,000 fr. ; et le monument, 10,000 fr.

Errata.

—

Page 28, ligne 12 à 13, *lisez :* chapiteaux.
— 39, — 25 — s'y.
— 41, — 10 — enfilent.
— 96, — 20 — consolideront, *au lieu de :* ci-menteront.
— 108, — 17 — tout bas.

Table des Matières et Itinéraire.

TABLE DES MATIÈRES

ET

ITINÉRAIRE.

§ II.

St-Jean-de-Luz et Ciboure. — Socoa. — Béhobie.

§ III.

La Bidassoa et l'île des Faisans. — Hendaye. — L'Espagne : Fontarabie et Irun.—Retour.

(I) Voir supplément, page 121.

ras, le contrebandier *(contrabandista).*—Le pont
de la Bidassoa.—France et salut au lecteur.... 116

ADDITION A LA PAGE 83 :

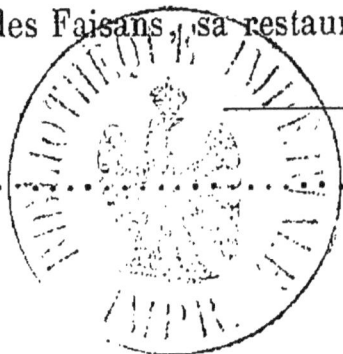

Bayonne, imprimerie de veuve Lamaignère.